AF309538

A. J. RANCE-BOURREY

# SAINTE-CLAIRE DE NICE

## Notes et Documents

1908

J. Eynaudi & J. Casal
Éditeurs

# SAINTE-CLAIRE

## DE NICE

*IMPRIMATUR*

Niciæ, die 24 Decembris 1907.

CAPPATTI,
vic. gen.

MARQUE EMPLOYÉE PAR LES CAVALERI

à Turin et à Mondovi, aux 16e et 17e siècles

*(D'après différents ouvrages conservés à la Bibliothèque de Nice)*

A un caducée accosté de deux pégases affrontés

# MARQUE EMPLOYÉE PAR FRANÇOIS CASTELLO

*(du Belvédère)*

qui imprima à Nice de 1619 à 1626

et fut le créateur

de l'atelier dirigé par les ROMERO jusqu'en 1789

### DESCRIPTION HÉRALDIQUE

*D'azur à un château d'argent, maçonné de sable et surmonté de trois donjons du même, le tout sur une mer au naturel*

# BIOGRAPHIE

## DE

# M. l'Abbé RANCE-BOURREY

PAR

## M. Joseph SUPPO

Rédacteur à l'*Eclaireur* de Nice

# DISCOURS

## SUR LE MONASTÈRE
## DE SAINTE-CLAIRE DE NICE

PAR

Honoré PASTORELLI

*Publié d'après l'édition originale de Turin 1608*

AVEC

UNE INTRODUCTION ET DES NOTES

PAR

M. L'Abbé RANCE-BOURREY

Extrait de l'*Armanac Niçart* 1908.

Jules EYNAUDI & Joseph CASAL, Editeurs

NICE

IMPRIMERIE DES ALPES-MARITIMES

16, Rue Saint-François-de-Paule 16

**1907**

# L'ABBÉ RANCE-BOURREY

L'abbé Rance-Bourrey n'est pas un inconnu dans notre ville où, depuis plusieurs années, il vient chaque hiver prendre sa place dans notre bibliothèque municipale, si riche en incunables, pour y poursuivre ses importantes études sur l'histoire de Nice.

Ses travaux, quelque soit le sujet qu'il traite, ont une valeur documentaire que double encore un sens critique naturel, très développé. Les ouvrages qu'il fit paraître successivement sur la Provence et sur Nice ont, depuis longtemps, attiré sur lui, l'attention des érudits et la sympathie de tous ceux qui aiment ce beau pays et en veulent mieux connaître l'attrayant passé.

On peut aujourd'hui le considérer comme un Niçois d'adoption. Son amour de Nice et ses précieuses recherches sur son histoire lui ont acquis le droit de cité parmi nous.

L' « Acadèmia Nissarda » a sans doute obéi à cette pensée, en le nommant son membre correspondant.

Quelques notes biographiques, en tête du précieux et rare document d'Honoré Pastorelli, que nous publions plus loin, grâce à ses minutieuses recherches et à ses soins éclairés, sont utiles pour expliquer son œuvre.

Nous le faisons avec d'autant plus de plaisir qu'un lien étroit nous unit, en dehors de toute préoccupation confessionnelle, celui de sentiments qui s'associent dans un même amour de ce pays et de son passé historique, si séduisant et si glorieux.

M. Rance-Bourrey est né le 21 Juillet 1857, en Bourgogne, cette province fertile, si riche en hommes de valeur.

Il est ordonné prêtre à Saint-Sulpice, en 1881 ; en Juillet de la même année, il passe brillamment son examen de doctorat en théologie à la Sorbonne. Peu après, il est nommé professeur à la Faculté de Théologie d'Aix-en-Provence Il s'y distingue par un enseignement précis et substantiel, jusqu'au moment de la suppression de cette vieille école.

Depuis cette époque, il se consacre entièrement aux travaux historiques, auxquels il apporte une méthode rigoureuse et une sévère critique.

La liste de ses productions est longue. Elle atteste l'étendue de ses recherches et la valeur de ses efforts.

Depuis quelques années, M. Rance-Bourrey passe ses hivers dans notre cité. Il consacre tout son temps à de patientes études sur l'histoire de Nice. On le considère aujourd'hui comme un des érudits les plus documentés sur cette question. Membre de la Société des Lettres, Sciences et Arts des Alpes-Maritimes, il y est connu comme un travailleur éclairé et persévérant, et M. Joseph Brès, rendait récemment un public hommage à ses qualités qu'il citait en exemple aux niçois qui s'intéressent à l'histoire de leur pays. Ses derniers travaux sur l'abbé Foncet, détenu à Grasse, sous la Terreur ; sur le Pape Pie VII, dans le Comté de Nice en 1809 et en 1814 ; sur Masséna et le Lycée de Nice en 1811, parus dans le Bulletin de la Société des Lettres, sont encore présents dans la mémoire de tous.

Il est aussi un collaborateur apprécié de la revue *Nice Historique* où il fit paraître des articles remarquables de précision qui éclairent d'un jour nouveau certains points de notre histoire locale.

Notons : Rancher et son père ; la Chapelle de Sincaire ; l'église de Nice en 1792 ; les émigrés français à Nice en 1792 ; la très curieuse étude sur les origines de l'Imprimerie à Nice et sur l'imprimeur Castello.

Cette dernière étude l'a conduit à s'occuper de Pastorelli et à élucider un problème resté insoluble, en fixant la date précise et le lieu d'impression du discours sur Sainte Claire.

On lui saura gré d'avoir apporté la pleine lumière sur un point resté obscur jusqu'à ce jour. M Rance-Bourrey l'a fait avec un soin minutieux et une remarquable netteté.

Ce travail, qui ne sera pas le dernier, nous l'espérons bien, aura sa place marquée dans la bibliothèque des amateurs niçois et sera apprécié à sa valeur, par les érudits.

La reproduction du texte de Pastorelli, dénaturé en 1854, par M. Cicchero, permettra d'avoir sous les yeux, dans toute sa pureté, un document historique très souvent invoqué par les écrivains, mais devenu une rareté bibliographique.

J. Suppo.

A.-J. RANCÉ-BOURREY



Ill. *Armanac Niçart* 1908

# INTRODUCTION

Trois siècles se sont écoulés depuis que le couvent de Sainte-Claire, bâti avec les aumônes des fidèles et les deniers de la ville, a ouvert ses portes aux deux Religieuses venues de Mondovi, à la sollicitation des syndics. Le foyer intense de vie mystique qu'elles ont allumé au pied de la colline du Château a été momentanément éteint en 1793 (1). Depuis, il s'y est rallumé et les vieux murs abritent aujourd'hui les filles de Sainte-Jeanne de Chantal qui ont remplacé les filles de Sainte-Claire, comme celles-ci avaient succédé aux Religieuses Cisterciennes.

Le Monastère inauguré en 1607, en remplaçait un autre, fort ancien, qui avait été fondé au XII<sup>e</sup> ou au XIII<sup>e</sup> siècle, mais dont on sait fort peu de chose. Il était occupé par des Religieuses qui suivaient la règle de Cîteaux.

L'ordre de Cîteaux, fondé en 1098, par Saint-Robert de Molesmes, se répandit dans tout le monde chrétien avec une

---

(1) Les Religieuses de Sainte-Claire furent expulsées de leur maison, le 4 octobre 1793, jour de la fête de Saint-François d'Assise, leur fondateur. L'administration départementale, lors présidée par *Chabaud* de Marseille et dominée par *Olivier*, de Saint-Tropez procureur général syndic, céda aux injonctions réitérées de la Société Populaire, groupement d'officiers et de sous-officiers, de volontaires, d'attachés à l'armée, de fonctionnaires étrangers à la ville, de Languedociens ou de Provençaux et de quelques Niçois ambitieux, qui faisaient la loi aux autorités constituées, comme les Jacobins de Paris.

Vingt-deux religieuses sortirent de ce pieux asile et durent quitter le costume religieux. Sainte Claire avait duré 187 ans, et avait eu 202 professes dont la dernière avait fait ses vœux le 20 Mai 1792.

La dernière abbesse, élue le 8 Juin 1790, fut Sœur Marie-Rose *Daprotis*.

Les *Archives* du Monastère ont presque totalement disparu.

extraordinaire rapidité, à partir de 1113 et eût deux siècles de prospérité inouïe. Les maisons de l'ordre devinrent bientôt innombrables.

Au mois de Novembre 1119, une colonie de Cisterciens partie de Bonne-Vaux, au diocèse de Vienne, vint fonder l'abbaye de Mazan, au diocèse de Viviers ; c'était la 12ᵉ fille de Cîteaux.

Dix-sept ans après, ces mêmes moines furent appelés par Raymond, comte de Barcelone et marquis de Provence, pour fonder l'abbaye de Notre-Dame de Floriège (de Floregia) au diocèse de Fréjus, ainsi nommée parce qu'elle fut d'abord placée sur les bords du ruisseau de ce nom, à environ 6 milles du Thoronet, où elle fut transférée peu après.

La Charte de Fondation citée par la *Gallia Christiana* est du 18 des calendes de Mai 1136. On voyait encore au XVIIIᵉ siècle près de Tourtour, à une lieue et demie de Lorgues, les ruines de Notre-Dame de Floriège, devenue propriété de la Commanderie de Malte de Marseille. C'était la 65ᵉ fille de Cîteaux.

Les moines du Thoronet fondèrent le Monastère de Nice. Il fut établi près du port de Villefranche, alors englobé dans le territoire de Nice, et le Chapitre de la Cathédrale lui céda l'Eglise de Saint-Étienne-de-Cortina — *juxta portum olivi* — sa propriété, en vertu d'une donation faite, en 1115, audit Chapitre, par Pierre Guillémi, dont l'acte est reproduit par M. Caïs de Pierlas, dans le Cartulaire de l'ancienne Cathédrale.

Dans cette région *De Olivo*, aliàs *de Bello Loco*, existaient deux autres églises de Sainte-Marie et de Saint-Jean, dont il est fait mention comme propriété de l'Evêché, en 1075 et en 1136.

Il y avait très anciennement des moines auprès de la Tour de Saint-Hospice.

Néanmoins cette région était peu sûre, et les Cisterciennes abandonnèrent les environs de Villefranche, à une date imprécise, pour se réfugier dans le quartier de Riquier, aux pieds du Mont-Alban. Sur les conseils du Pape Grégoire XIII, alors à Nice, elles se retirèrent dans la ville même, en 1407. Elles y occupèrent successivement trois emplacements : le premier, dans l'enceinte du Château, sur le versant qui regarde le port ; le second près de la porte Saint-Allodio et du Paillon, dans le voisinage du Couvent des Frères prêcheurs, là même où se trouve la maison Spitalier de Cessoles, place Saint-Dominique ; le troisième enfin, au-dessus de l'Eglise Saint-Augustin, à peu près à l'endroit où s'établirent les Visitandines, en 1635 et où sont aujourd'hui les Cessolines.

Le Monastère conserva le vocable de Saint-Etienne-de-Cortina, et les religieuses restèrent sous la dépendance de l'abbé du Thoronet, qui déléguait un de ses moines pour les diriger. Mais tous ces changements, nécessités par les circonstances, ne contribuèrent pas à la prospérité du monastère. A partir du xv<sup>e</sup> siècle, il traversa des années difficiles et subit le contre-coup des guerres et des calamités de toute nature qui fondirent sur la ville. Le nombre des religieuses diminua au point qu'en 1523, il n'y en avait plus que huit : la clôture n'était plus gardée, comme le prouve un acte notarié, rapporté par Pierre Scaliero. En 1539, le Monastère délabré était vide, les deux ou trois religieuses survivantes l'avaient quitté, l'abbé du Thoronet avait rappelé le moine directeur : la chapelle était fermée, on n'y célébrait plus le culte divin. Les biens avaient été, en partie dissipés : la situation était lamentable. Pour y remédier, les syndics avaient sans doute fait des démarches auprès du Pape Paul III, lors de son séjour à Nice, en 1538 ; toujours est il qu'ils en obtinrent un bref daté de Rome, le 18 Juillet 1539, qui accordait, sur leur demande, la suppression des Cisterciennes et leur remplacement par des Clarisses. Les syndics s'engageaient à pourvoir à leur entretien et le Pape transférait aux Clarisses, ce qui restait des propriétés des Cisterciennes. Le duc Charles-Emmanuel autorisa la vente des vieux locaux près de Saint-Allodio, en 1542, et ils furent vendus, en effet, au négociant Spitalieri. Malheureusement survint le siège de 1543, qui ruina la ville, et ce ne fut qu'en 1551 qu'il fut possible de songer à l'établissement des Clarisses. Il ne restait plus alors qu'une seule religieuse Cistercienne, l'abbesse *Gioachina Roscioni*, fille d'Etienne et sœur de Nicolas Roscioni, notaire à Nice, retirée à Villefranche depuis 1544, au moins, vieille et infirme.

Une religieuse espagnole, que la tempête avait forcée de relâcher à Nice, Donna *Isabella Fossa di Cordona*, et qui avait fortement engagé les habitants de Nice à restaurer le Monastère abandonné, fut priée par les syndics de vouloir bien se charger d'y établir les Clarisses. Elle consentit à assumer cette charge.

Le 10 octobre 1551, le bref de Paul III reçut son exécution. Ce jour-là, Messire François Caravadosso, vicaire général de l'Evêque François Lambert, en présence de Barthélemy Genoesi, aliàs Senchier, de François Massa et de Jacques Ponzio, syndics, et avec le consentement de Claude Mallopera, sénateur ducal et assesseur du gouvernement, promulgua le bref qui supprimait le Monastère de Saint-Etienne-de-Cortina, et érigeait à sa place un Monastère sous l'invocation et la règle de Sainte-Claire.

La ville incorporait à ce nouveau Monastère la Chapelle de Saint-Roch, près des murs de la cité, avec ses revenus. Le vicaire général, en vertu de l'autorité pontificale, accepta les propositions des syndics, et constitua abbesse du nouveau Monastère Donna Isabella Fossa, qu'il mit en possession des bâtiments, au-dessus de Saint-Augustin, cloître et chapelle.

L'abbesse Gioachina Roscioni donna son consentement, moyennant une pension qui lui fut assurée; D. Jean-François Roffier fut établi protecteur perpétuel du Monastère.

Acte du tout fut dressé — infra detto Monasterio di Santa-Chiara — par les notaires François *Pellegrini* et Barthélemy *Bensa* assistés de noble Jean Badat et Honoré Pellaro, témoins requis et soussignés.

Le même jour, cet acte fut approuvé par Claude *Mallopera*, assesseur du gouvernement.

L'entreprise cependant n'eut pas le succès espéré et plus de cinquante années se passèrent encore, sans que les Clarisses fussent réellement installées. Le projet n'était pas abandonné, mais il survenait sans cesse des difficultés insurmontables.

L'exemple d'Avignon et d'Aix, où les Clarisses avaient deux maisons florissantes ; les encouragements de la Maison de Savoie, dont plusieurs princesses avaient embrassé la règle de Sainte-Claire ; enfin très probablement les exhortations de Monseigneur Martinengo, évêque de Nice (1600-1620) et précédemment religieux de Saint-François, décidèrent le Conseil à prendre les mesures nécessaires, pour restaurer ce Monastère, instamment réclamé par la population si chrétienne de la ville, où n'existait aucun Monastère de femmes.

Après beaucoup d'autres, restées sans résultat, la délibération du 24 Juin 1604, prise sur l'invitation de *François Caissotti*, préfet et président du Conseil, à sa première réunion, reçut une exécution assez rapide.

Elle fut due en grande partie à la vigilance de Caissotti, un des amis les plus dévoués des Clarisses. Il fut un des trois recteurs nommés en 1607, par le Conseil, pour l'administration temporelle du Monastère, avec François Tondut et Jean-François Peyre.

Les recteurs, dès l'année suivante, furent réduits à deux, que le Conseil renouvelait tous les ans par moitié, et Caissotti fut de nouveau choisi en 1621. En 1636, il fit une aumône de 30 écus au Monastère.

Le premier syndic, Honoré Pastorelli, déploya un zèle très actif, pour seconder le préfet, et après avoir été un des principaux acteurs de la pieuse entreprise, il s'en fit l'historien autorisé. (1)

Pour l'organisation du nouveau Monastère, les syndics demandèrent à la Congrégation des Réguliers, à Rome, l'autorisation de choisir deux ou trois religieuses éclairées et méritantes du Monastère de Sainte-Claire de Mondovi. La Congrégation y consentit, et par lettre du 18 septembre 1606, l'évêque, Mgr Carlo Argentero, fut invité à accéder au désir des syndics. Les syndics désignèrent sœur *Filiberta Bertona* et sœur *Clara Beatrice Monacha*, toutes deux originaires de Céva et qui étaient très dignes de ce choix honorable.

Barthélemy *Todone*, syndic, et Laurent *Baldoino*, recteurs du Monastère et délégués par la Municipalité, se rendirent à Mondovi. Après entente avec l'évêque et les Religieuses, à des conditions qui furent accceptées, ils ramenèrent à Nice les deux Religieuses choisies.

Elles arrivèrent à Nice, accompagnées par les deux recteurs délégués et par Marguerite, femme de Flaminius Tonduti et Pellegrina, femme de Jérôme Peyre également déléguées à cet effet.

Un procès-verbal du transfert des Clarisses fut dressé à Mondovi par le notaire Jean-François *Magliani*, le 15 Juin 1607, en présence de Henri *Ferrero*, prévôt de la Cathédrale, de Secondo *Appiano*, préfet et de deux notables citoyens de Mondovi.

Copie de ce procès-verbal fut remise aux Archives de Nice, où elle est encore.

Pendant huit jours, les religieuses logèrent dans la maison de Jérôme et Jean-François Peyre, et le 27 Juin, elles furent accompagnées par tout le clergé en procession à leur nouveau Monastère.

Trois recteurs avaient été nommés pour l'administration

---

(1) La 25ᵉ professe, sœur Marie-Françoise Pastorelli, en 1623, âgée de 20 ans et morte en 1670, ne serait-elle pas une fille de l'historien? De même deux Religieuses du nom de Caissotti : Sœur Marie-Madeleine, 9ᵉ professe, en 1610, âgée de 17 ans, morte le 27 Janvier 1632 et Sœur Paule Caissotti, 16ᵉ professe en 1616, ne seraient-elles pas les filles du Préfet? Dans la suite deux autres membres de la famille Caissotti entrèrent à Sainte-Claire, en 1688 et 1731. La dernière mourut le 13 Décembre 1792, âgée de 80 ans, ayant été abbesse plusieurs fois.

temporelle : Flaminius Tonduti, Jean-François Peyre et François Caissotti. En absence de ce dernier, les deux autres recteurs conclurent,le 22 Juin 1607,un accord,en présence de l'Evêque,avec la mère abbesse pour déterminer le rôle de chacun et fixer certains détails, en précisant les droits et les obligations de la Ville et de l'abbesse. Acte en fut dressé par les notaires Jean *Léotardi*, secrétaire de la Ville,et Antoine *Serra*, secrétaire de la curie épiscopale, en présence de Honoré Isnardi et d'Honoré Pastorelli, l'auteur du *Discorso.*

Mgr Martinengo rédigea le Rituel et les Statuts, dans les mois qui suivirent, pendant que Pastorelli préparait son Mémoire historique.

*<br>* *

Honoré Pastorelli naquit à Nice vers 1560, d'une famille bourgeoise. Il prit son doctorat en droit, fut élu membre du Conseil et, en 1604, premier syndic. Il remplit cette charge avec talent et probité et l'année suivante il fut nommé assesseur, fonction réservée aux docteurs en droit. (1)

Il eut à s'occuper d'affaires fort importantes, en particulier de la création du collège confié aux Pères Jésuites. En 1610, il alla à Rome, chargé sans doute de quelque mission auprès du Pape.

Ce fut là qu'il fit graver par *Jean Maggi* un plan de Nice dressé par Jean-Louis Baldoino, peintre Niçois. Il le dédia au comte Annibal Grimaldi de Beuil, gouverneur de Nice, par une lettre datée de Rome, 24 Juin 1610.

Pastorelli était grand ami du gouverneur et de la famille Grimaldi. Ce fut en partie pour mettre en pleine lumière le rôle considérable du Baron Grimaldi de Beuil, lors de la réunion du Comté de Nice à la Savoie, qu'il composa un *Mémorial*, expliquant pour quelles raisons Nice se donna à la Maison de Savoie.

---

(1) Biographie Niçoise ancienne et moderne ou Dictionnaire historique par J.-B. Toselli, illustrée de 36 portraits et d'un frontispice. Nice, chez l'éditeur et à l'Imprimerie de la Société typographique et chez B. Visconti, libraire. Paris chez E. Dentu. Turin chez Bocca frères. MDCCCLX, 2 vol. grand in-8°. Le frontispice est une lithographie qui représente Catherine Ségurane arrachant un drapeau Turc aux assaillants montés sur des échelles. Ernest Toselli inv., et des. Turin, lith. Doyen frères, Perrin, lith. 1860.

J'ai emprunté à Toselli presque tous les détails — peu nombreux du reste — que l'on connaît sur Pastorelli. Toselli affirme que le *Discorso* fut imprimé en 1608 (sans indiquer le lieu de l'impression) et qu'il fut prononcé à Sainte-Réparate. Il s'est inspiré de Cicchero.

En 1611, Pastorelli cumula les deux charges de premier consul et d'assesseur. Il était en même temps recteur du Monastère de Sainte-Claire.

Sa liaison avec Annibal de Grimaldi, lui fut funeste, car ce dernier ayant été accusé de félonie, pour s'être jeté dans le parti français, et avoir prêté hommage au roi de France (1), ses amis devinrent suspects au duc de Savoie. Quoique Pastorelli semble avoir eu des sentiment très dévoués pour son légitime souverain, il fut arrêté, le 25 Août 1617, détenu à Nice, puis conduit dans les prisons de Turin, où il mourut de langueur, en Décembre 1618.

Toselli, dans sa *Biographie Niçoise,* affirme que Pastorelli fit imprimer son Mémorial; mais l'assertion n'est nullement prouvée et je la crois sans fondement.

Par contre, l'ouvrage qu'il consacra à Sainte-Claire et dans lequel il a réuni de nombreux détails sur l'histoire politique et religieuse de Nice, a été très certainement imprimé. Mais, biographes et historiens se sont trompés sur le lieu de cette impression, qu'ils affirment généralement avoir été faite à Nice, en 1608. L'erreur provient de la rareté extrême de cet ouvrage, tiré à petit nombre et sur lequel on fit probablement silence, lorsque son auteur tomba en disgrâce.

L'erreur remonte, au moins, à 1660, année où parut l'ouvrage intitulé :« Catalogo de' Scrittori Piemontesi, Savoiardi e Nizzardi Raccolto gia da Monsignore Francesco Agostino Della Chiesa, de' Conti di Cervignasco, vescovo di Saluzzo, consigliere et historico della R. A. di Savoya. Hora dal medesimo fatto ristampare con l'aggiunta di altri tanti autori e libri. »

In Carmagnola, per Bernardino Colonna 1660. Con licenza de' Superiori, 1 vol. in-4° 295 p., plus 16 pages non numérotées pour le titre, les pièces liminaires et la dédicace, datée de Saluces, le 15 janvier 1660. A la page 238 de cette bibliographie, on lit :

_______________

(1) GIOFFREDO *(Storia delle Alpi Maritime,* t. 6, p. 301 et suiv.) raconte le jugement, la condamnation et l'exécution du comte de Beuil. La sentence de mort fut publiée le 2 janvier 1621 et le 9 janvier, il fut étranglé dans son château de Tourrettes, par un esclave turc. Son cadavre fut pendu par le pied aux créneaux du château, qui fut ensuite rasé. Il fut pendant vingt-trois ans lieutenant du duc et gouverneur de Nice, comme l'avait été précédemment son père. Gioffredo est sévère pour lui et dit qu'il fut ambitieux et félon.

« 1608. Honorato Pastorelli, dottor Nizzardo, ha composto una breve historia del monastero di S. Chiara, di sua patria, *in essa stampata del 1608.* »

Il est bien évident que Mgr Della Chiesa n'a pas eu sous les yeux le *Discorso* de Pastorelli : il en eût cité le titre avec plus d'exactitude et n'eût pas ajouté qu'il fut imprimé à Nice, en 1608. Je ne puis pas croire, en effet, qu'il se soit trompé sur le sens des mots qui terminent le titre de départ « raccolte... l'anno 1608 » : l'erreur serait par trop étrange.

Dans la première édition de son *Catalogo*, Mgr Della Chiesa ne mentionne pas Pastorelli ; et pourtant cette édition parut à *Turin* chez les mêmes imprimeurs que le Rituel et le Discorso, en 1614, quelques années après leur publication. (1)

Cette omission ne s'explique pas facilement, même en admettant que ni le Rituel ni le Discorso ne furent mis dans le commerce,

A la date de 1660, il y avait eu deux éditions du Rituel avec le *Discorso*, plus un tirage à part du *Discorso* : il est bien extraordinaire que Mgr Della Chiesa ait été si peu renseigné et ne dise rien du Rituel.

En 1667, le P. André Rossotto de Mondovi, dans son *Syllabus scriptorum Pedemontii* p. 281, écrit ceci : « Honoratus Pastorellus Niciensis, scripsit italico sermone Historiam Monasterii Sanctæ Claræ Niciensis; et hac occasione plura de Nicia tum historice, tum topografice innuit. Impr. Niclæ 1608. »

Rossotto, on le voit, ajoute deux indications sur la langue et le contenu du *Discorso ;* mais il assure aussi qu'il fut imprimé à Nice. Aussi, je doute qu'il ait eu le Discorso sous les yeux et il ne connaît pas le Rituel.

Quoi qu'il en soit, l'assertion de ces deux bibliographes a été admise par tous et n'a pas été contrôlée. Elle renferme une erreur et une omission qui doivent être réparées.

*<br>* *

---

(1) Catalogo di tutti li scrittori Piemontesi et altri dei Stati dell' Altezza Sereniss. di Savoia. Raccolto da Francesco Agostino Della Chiesa, di Saluzzo, professor di legge. All'Illustriss. et Reveren. Monsignor Alessandro Scaglia, abbate, ecc. In Torino, appresso Cesare e Gio. Francesco FF. de Cavaleri 1614, con licenza de' Superiori. 140 p. in-4·, sans les pièces liminaires. Le frontispice porte la marque des Cavalleri.

Il faut noter qu'un frère de Mgr Della Chiesa, Jean-Antoine Della Chiesa, fut premier président du Sénat de Nice et mourut le 1er septembre 1657, âgé de 63 ans.

Il est à présumer que le *Discorso* de Pastorelli était difficile à se procurer en dehors de Nice. Le bibliographe romain Nicolas-François *Haym*, dans son traité intitulé : *Biblioteca Italiana* o sia notizia de libri rari nella lingua Italiana, le cite, en le faisant précéder d'une astérisque, signe qu'il emploie pour distinguer — quei libri che fra i rari sono i più rari :  14* « Onorato Pastorello, Storia del Monastero di Santa Chiara di Nizza. In Nizza 1608, in-4°. L'autore tratta molte cose spettanti alla storia della citta ». Nizza p. 55.

Le traité de Haym est lui-même rare, je n'ai pu consulter que la réimpression faite à Venise, en 1728, in-4° (1).

La première édition, imprimée à Londres, plusieurs années avant était épuisée. Haym utilisa en entier le Catalogue de Mgr Giusto *Fontanini*, prélat de Rome à la science duquel il rend justice, imprimé à Rome avant 1706, et qui lui a servi de modèle.

Les indications de Della Chiesa, de Rossotto, de Fontanini et de Haym, ont fait loi et l'on n'a pas songé à les contester.

J'ai voulu les contrôler, et j'ai cherché à me procurer des exemplaires du *Discorso*.

J'en ai trouvé un à la Bibliothèque Nationale de Paris et j'en ai étudié trois autres à Nice.

Aucun ne portait de date d'impression et le nom de l'imprimeur manque, en outre, à celui de la Bibliothèque Nationale.

Enfin, M. Casal ayant cité, dans son Armorial de Nice (2), le Rituel de Sainte-Claire, imprimé à Turin, en 1608, j'ai voulu examiner ce volume qui est à la Bibliothèque de Nice.

------

(1) Biblioteca Italiana o sia Notizia de' libri rari della lingua italiana, divisa in quattro parti principali, cioè : Istoria, Poesia, Prose, Arti e Scienze.

Annessovi tutto il libro dell'eloquenza Italiana di Mons. *Giusto Fontanini*, col suo raggionamento intorno alla stessa materia, con tavole copiosissime e necessarie. In Venezia , presso Angiolo Geremia. in campo di S. Salvatore MDCCXXVIII. Con licenza de' Superiori e privilegio.

1 vol. in-4° de 264 p., plus le titre et les pièces liminaires, 24 p. non chiffrées.

Dédié à Antoine Rambaldo, noble vénitien, conseiller intime de l'Empereur, par A. Geremia, Venise, 20 Décembre 1727.

Le Raggionamento de Fontanini est daté de Rome, 30 Juin 1706.

La *Biblioteca* fut d'abord publiée à Londres. Elle est l'œuvre de *Nicolas-François Haym* de Rome. Voir l'avis au lecteur. Bibl. Nat. de Paris Q,725.

(2) Armanac Niçart de 1907.

Bien m'en a pris, et à la lecture du titre j'éprouvai la joie du chercheur qui arrive enfin à la solution désirée.

Ce titre est fort long :

« Rituale, et Statuti / del Monasterio / delle Monache di S^ta Chiara / della Magca Città di Nizza / ove si contiene l'ordine di ricever le / Novitie all' habito della Probatione ; il modo che s'ha da tener fa / cendo la professione ; et quello che s'ha da osservare in detto / Monasterio, tanto dalle Monache, che dalle figliuole, che / saranno in esso introdotte per educatione / Composto dal Molt'Ill. et Reverendiss. / F. Francesco Martinengo, vescovo di essa Città, Conte di Drapo, et / grand' Elemosinario di S. A. Serenissima.

Aggiontovi nel fine il discorso del / Monasterio antico, e della edificatione del moderno, con / molte particolarità curiose della Città, fatto / da un cittadino di essa.

Au-dessous, une vignette sur bois représentant l'Annonciation, de 53 millimètres sur 40. Puis : In Torino MDCVIII, / Appresso Gio. Vincenzo, et Gio. Francesco FF de Cavaleri, / « Con licenza de' Superiori ».

Le tout forme 43 pages imprimées sur 5 feuilles, côtés A. B. C. D. E. à raison de 8 pages à la feuille, sauf la feuille C qui forme 12 pages.

L'exemplaire a conservé sa rellure du temps, en parchemin sur carton assez fort. Cette rellure est en mauvais état : le carton est rompu dans le sens de la largeur, le dos est déchiré sur environ 5 centimètres vers le bas, et les angles sont brisés. Il n'y a pas de feuilles de garde et à la fin le verso de la page 43 en tient lieu.

Le Rituel et les Statuts occupent les trois premières feuilles, soit jusqu'à la page 28, où se trouve l'ordonnance de Mgr Martinengo portant approbation et permis d'imprimer.

Elle est en latin, alors que le texte des Statuts est en italien

Elle est datée de Nice, le 27 octobre 1608, et contresignée par Antoine Serra, notaire et secrétaire de la curie Episcopale.

Mgr Martinengo prescrit l'observation du Rituel et des Statuts et permet de les imprimer à Turin et ailleurs. (Taurini et ubi libuerit).

A la feuille D, page 29 commence le *Discorso* de Pastorelli, avec titre disposé sur 14 lignes en capitales de divers calibres, en elzevirs, en romains et en italiques :

« Discorso del Monasterio antico delle Monache della Città di Nizza diverse volte distrutto e riedificato con la narativa dell'edificatione fatta l'anno 1604, del moderno sotto la regola et invocatione di Santa Chiara, con l'occasione del che si raccontano diverse particolarità curiose della Città raccolte la maggior parte dalle scritture dell'archivio et altre memorie antiche de cittadini, l'anno 1608. » Ce titre n'est qu'un titre de départ ; le texte commence immédiatement au-dessous. Il débute par une jolie lettre ornée L, petit bois d'environ 2 centimètres carrés, sept lignes de texte terminent la page : ce texte est composé en 10 romain. Chaque page a 40 lignes et la composition a 165 millimètres de haut, sur 116 de large, les marges varient de 1 à 2 centimètres. Le répérage est assez bon, sauf aux pages 31-32.

Le texte occupe deux feuilles, cotée DD2 et EE2 de la p. 29 à la page 43 ; cette dernière n'a que 23 lignes et la dernière est blanche. Le papier, qui a été rogné, a fortement bruni : il est blanc, vergé et fin. La pâte est un peu nuageuse, les vergeures sont bien rapprochées, les pontuseaux sont au nombre d'une vingtaine. Le filigrane est le gantelet, aux doigts effilés, un peu écartés, avec le pouce démesurément gros. Au-dessus du médius, il y a une fleur à cinq pétales ou une étoile.

Les pontuseaux entre lesquels est posé le filigrane sont plus écartés que les autres, et, dans cet intervalle, est tendu un pontuseau supplémentaire qui passe au milieu du filigrane.

La marque du gantelet fut employée par les papeteries piémontaises, pour distinguer leurs produits et on la trouve déjà en 1473, dans les papiers du célèbre battoir d'Antoine Malamini de Pignerol.

Le papier du Rituel est certainement Piémontais, de Pignerol ou de Casale, dont les papeteries étaient renommées.

*<br>* *

Le Discorso est composé en caractères romains du corps 10 ; chaque page a 40 lignes, sauf la page 29 qui n'a que 21 lignes. la page 42 qui en a 37 et la page 43 qui en a 23 soit un total de 561 lignes avec une moyenne de 56 lettres à la ligne, soit de 31 à 32.000 lettres. La composition est très compacte, non interlignée et les phrases très longues, se suivent sans alinéas. Chaque page est numérotée à l'angle supérieur, et au bas de chaque page il y a une réclame.

Une forte piqûre de ver, au bas du texte qu'elle n'atteint pas, affecte presque tout le volume, depuis la page 12 jusqu'à la fin.

Sur le frontispice, de chaque côté de la vignette est inscrit à la main : *Luca Grimaldo* probablement le premier possesseur de cet exemplaire.

Il n'y a pas d'autre indication, et je ne crois pas que ce soit celui que les syndics offrirent à l'abbesse. Il a disparu avec les papiers du Monastère.

*
* *

Le doute n'est plus permis : l'exemplaire de la Bibliothèque de Nice est la première édition du Discours de Pastorelli et cette édition fut imprimée à Turin, en 1608.

Elle fut faite aux frais de la Ville avec le Rituel et les Statuts (1). L'ouvrage entier fut dédié aux Révérendes Mères *Filiberta Bertona* et *Clara Beatrice Monaca*, abbesse et vicaire du nouveau Monastère. La dédicace, imprimée p. 3 et 4, est datée du 30 août 1608 : les syndics ont cru que les Religieuses seraient désireuses de connaître l'histoire du Monastère, qu'elles étaient appelées à reconstituer. C'est, dans ce but, qu'ils ont fait imprimer : « un discorso fatto sopra di questo, da un nostro cittadino, la lettura del quale, tanto piu s'assicuriamo le gusterà. quanto che in esso l'authora (come quello che ha essercitato l'ufficio d'assessore, di primo Sindico nella fondatione di questo nuovo Monasterio, et con l'occasione di qualche occorrenti, viste tutte le scritture dell' Archivio) ha brevemente, et per il più toccate le cose più degne di memoria occorse, et che sono in questa Città. »

Les syndics caractérisent très exactement l'œuvre de Pastorelli — qu'ils ne nomment pas, mais désignent clairement

Ce n'est pas un discours, une harangue prononcée à Sainte-Réparate, mais une dissertation historique.

Il raconte l'histoire du Monastère de Saint-Etienne-de-Cortina, et son remplacement par celui de Sainte-Claire. Cette histoire est intimement liée à celle de la Ville ; aussi Pastorelli a dû fouiller les archives et rappeler bien des épisodes des annales niçoises et

---

(1) L'absence des Registres des Ordonnances du Conseil de 1600 à 1613, ne me permet pas d'être plus précis. Les comptes de la Ville (1608 et 1609) ne mentionnent pas le paiement de l'impression : il doit être compris dans es dépenses du Procureur de la Ville à Turin. Le Rituel fut probablement achevé d'imprimer vers le mois de Novembre 1608.

c'est ce qui rend son travail précieux pour les historiens, qui y ont puisé.

La ville de Nice n'ayant pas d'atelier typographique, les syndics s'adressèrent à des imprimeurs de Turin, les frères Jean Vincent et Jean-François de Cavaleri. (1). Un des deux frères, Jean Vincent avait déjà imprimé une partie des statuts de Nice, en 1600, alors que son atelier était à Mondovi : « Statuti et ordini della Magnifica Città di Nizza, concernenti li furti et danni campestri, con la confirmatione di S. Alt. In Mondovi, per Gio. Vincenzo Cavaleri 1600, con licenza de S. S. Superiori. » 2 feuilles formant 14 pages; titre compris.

*<br>* *

Une pièce de la Bibliothèque Nationale de Paris, cotée Lk7 - 5607 et que le catalogue général des livres imprimés de cette Bibliothèque vol. XXII, col. 531 attribue à *Caissotto*, n'est autre chose qu'un tirage à part du *Discorso* de Pastorelli.

Cette pièce fort bien conservée et recouverte d'un cartonnage gris, avait fixé mon attention. Mais comme elle n'est pas datée, je ne savais si c'était l'édition de 1632 ou une autre plus ancienne. Depuis que j'ai étudié le Rituel de Sainte-Claire, je suis fixé.

Pour ce tirage à part, l'imprimeur a changé : 1° la numérotation des pages qui vont de 1 à 15 au lieu de 29 a 43; 2° les lettres du Registre, car les feuilles sont cotées AA 2, BB 2, au lieu de DD 2 et EE 2.

Quant à la composition typographique, elle ne fut nullement remaniée : les coquilles mêmes ont été conservées. Je m'en suis assuré en collationnant les deux exemplaires ligne par ligne.

Les quinze pages de texte occupent deux feuilles et ne laissent blanche que la dernière page. Les syndics, par économie, ne firent ajouter ni titre, ni couverture, ce qui eût entraîné une légère dépense. En 1600, lorsque le même Cavaleri imprima pour la ville de Nice, un fragment de ses Statuts, dans le même format et sur le même papier que les Statuts de Sainte-Claire, le texte d'une justification différente, ne formait que douze pages : il put donc en mé-

---

(1) Sur les imprimeurs Cavaleri ou Cavalleri, voir *Vernazza*, Dizionario dei tipografi, p. 106. Ils imprimèrent de 1588 à 1658, époque où ils vendirent leur atelier. La Bibl. de Nice possède plusieurs volumes sortis de leur atelier.

Ils avaient pour marque un caducée accompagné de deux Pégases.

nager deux pour le titre sur la première feuille : la seconde n'eut que six pages d'impression et il en resta deux blanches à la fin. Cette fois non plus, il n'y eut pas de couverture : le titre en servit et les deux pages blanches à la fin protégèrent le texte.

Le *Discorso* n'est protégé que par une page blanche ; mais son peu d'épaisseur permettait de le plier en deux, dans le sens de la largeur, comme on fait presque toujours en Italie, pour les Votums ou Mémoires. C'est ainsi que l'exemplaire de la Bibliothèque Nationale (le seul que je connaisse jusqu'ici) a été plié, et la note qui résume une partie de son contenu, a été inscrite sur une moitié du dos de la pièce une fois pliée, comme il se pratique à Rome, pour les Mémoriaux présentés aux Congrégations.

*
* *

Le papier de ce tirage à part est identique à celui du Rituel. Il a un peu bruni, mais il n'a ni piqûre ni déchirure : il n'est pas rogné et a 220 de hauteur sur 155 de largeur. Le répérage légèrement défectueux p. 1 - 2, 7 -8, 11–12, 13–14.

A la première et à la dernière page, il y a le cachet rouge et rond : Bibliothèque Royale. En tête, au-dessus du bois, est écrit *Dal S*<sup>r</sup> *Caissotto* N° 1, *Antiquita di Nizza* : au-dessus de la lettre ornée L sont répétés les mots Dal S<sup>r</sup> Caissotto. Au verso de la page 15, qui est blanc, est écrit sur trois lignes : *Antiquita e origine di Nizza et submissionne a la Casa di Savoia.* Il y a dans le texte, quelques notes marginales, écrites à la main, et quelques passages sont soulignés ; le tout à l'encre noire un peu jaunie. Les annotations sont de l'écriture du xvii<sup>e</sup> siècle : presque toutes sont en italien, quelques-unes en latin. De quelle date sont-elles au juste ? Elles sont certainement postérieures à 1613. car elles se réfèrent à la Chronologie de *Barralis*, publiée à Lyon cette année–là.

Elles ne sont certainement pas d'un Niçois, peut-être pas d'un Piémontais, car, on savait à Nice et en Piémont, que l'auteur n'est pas *Caissotto*, mais *Pastorelli*. Ni un Niçois, ni un Piémontais n'eût inscrit en tête les mots : *Dal S*<sup>t</sup> *Caissotto*, qui ont induit en erreur le rédacteur du Catalogue de la Bibliothèque Nationale.

La pièce ne portant aucune indication de provenance, il est impossible de préciser comment elle est entrée au dépôt, ni par quelles mains elle a passé.

*
* *

En 1632, parut une nouvelle édition du Rituel et du *Discorso* 47 pages in-4°, avec la mention : « Torino et in Nizza 1632. »

M. Sappia en possédait un exemplaire, dont il me donna la description, le 9 Août 1906. Le 29 Septembre suivant, M. Sappia mourait, léguant sa bibliothèque à la ville. Je voulais, par l'étude des caractères et du papier, essayer de déterminer le lieu de l'impression et le nom de l'imprimeur. Get exemplaire n'étant pas entré à la Bibliothèque municipale, et aucun autre n'étant connu, je n'ai pu, ni contrôler, ni compléter les indications de M. Sappia. *Bonifaci* qui cite cette édition ne donne pas le titre complet : il n'indique que Nice, comme lieu de publication et l'attribue à Castello qui n'exerçait certainement plus en 1632.

Le lieu de l'impression reste donc indécis, comme le nom de l'imprimeur.

***

Une édition, ne renfermant que le seul *Discorso*, est un peu moins rare. Elle n'a ni préface ni annotations.

Le frontispice disposé sur 13 lignes reproduit mot pour mot le titre de départ de l'édition de 1608. Au-dessous de la 13ᵉ ligne un bois rond représente les Armes de Nice, avec ces mots : *Officium Sanitatis*, puis le frontispice se termine par trois lignes :

IN NIZZA
*Nella Stamperia di Antonio Romero*
CON PERMISSIONE

C'est une plaquette de 32 pages, tirée sur 8 feuilles, cotées de A jusqu'à H compris, soit 4 pages à la feuille, avec uue réclame à la fin de chaque *feuille*. Il y a 27 lignes à la page : le texte à 157 millimètres de haut, sur 115 de large et est composé en romains du corps 12, avec les vieux caractères de l'Imprimerie Romero.

On a beaucoup écrit sur cette plaquette non datée, dans laquelle on a voulu voir une impression faite à Nice, en 1608. Or l'imprimerie ne date que de 1619 et la famille Romero n'en fut propriétaire qu'après 1630.

Un examen sérieux de cette plaquette ne permet pas de lui reconnaître une date aussi ancienne.

L'exemplaire de la Bibliothèque de Nice, recouvert d'un mauvais cartonnage moderne, n'offre que peu d'intérêt. Mais M. *Louis Martiny* a bien voulu me communiquer un exemplaire qui a conservé sa couverture originale. Elle est en papier à fleurs de couleur, qui est incontestablement du XVIII<sup>e</sup> siècle. D'autre part, si les caractères du texte et ceux d'une partie du titre sont anciens, il y a, dans le titre, des *capitales* dont la date n'est pas douteuse et qui n'ont pas été usitées avant 1760 ou même 1770. Les mots *del Monasterio antico* sont imprimés avec des petites capitales évidées, dont se servait l'Imprimerie Royale de Turin, vers 1779 et qu'on employait à Paris, dès 1768, chez l'imprimeur Desaint. Le papier est rugueux et jaunâtre : il porte en filigrane un pèlerin vêtu d'une longue robe, avec un grand bâton recourbé à la main.

Un papier semblable était encore employé en 1800, par le cardinal *Martiniana*, qui transmettait à Pie VII les propositions de Bonaparte, après Marengo. (Archives secrètes du Vatican).

A mon sens, la plaquette en question n'est pas antérieure à 1775, et l'imprimeur n'est pas Antoine Romero, fils de Jean qui exerça de 1710 à 1730 ; mais bien le dernier imprimeur de cette famille, Antoine Laurent Romero, fils d'Ignace-Félix, mort en 1775, et qui vécut jusque vers 1789.

*<br>* *

La rareté des exemplaires du *Discorso* détermina, en 1854, M. Cicchero à le réimprimer.(1) Malheureusement, il le fit dans des conditions déplorables. Sous prétexte que Pastorelli était un médiocre écrivain, il retoucha le texte, pour le rendre plus correct et ses retouches l'ont défiguré en maints endroits. Il en a même changé le titre en celui de *Sommario Storico di Nizza dalle origine fino al 1607*. En tête, il donna une biographie de Pastorelli, dont s'est inspiré Toselli, et ajouta, à la publication, des notes au nombre de 26, qui ne sont pas toujours exactes, mais ne sont pas sans intérêt. Il joignit au *Discorso* la relation de la capitulation de Nice en 1691, par Pierre Gioffredo et le tout forme un petit volume de XII-94 pages in-8° dédié au Conseil municipal, le 1<sup>er</sup> août 1854, sous ce titre : *Delle Storie Nicesi, opuscoli due di Onorato Pastorelli e Pietro Gioffredo. Corretti ed annotati con*

---

(1) Dans la préface, Cicchero assure que le Discours fut prononcé à Sainte-Réparate : c'est une erreur reproduite par Toselli. Il assure aussi que le *Discorso* eut deux éditions en 1608 (due volte edito nel 1608).

A-t-il voulu faire allusion à l'édition à la suite du Rituel et au tirage à part ? Le passage manque de clarté : Cicchero ne connaissait pas l'exemplaire de Nice, ni celui de Paris.

*documenti dal prof. Luigi Cicchero. Nizza Dalla Tipografia Nazionale F. Faraud e socii, Via del Parco, N° 6. s. d.*

*<br>* *

Cette réimpression ne saurait satisfaire les érudits et ne donne nullement la véritable physionomie de l'ouvrage de Pastorelli.

Aussi ne m'a-t-il pas semblé superflu de publier une reproduction fidèle, de la première édition de Turin.

C'est manquer de respect à ces vieux auteurs que de se mêler de les corriger et je n'ai pas cru devoir le faire.

Le texte sera absolument identique, je respecterai même l'ortographe et les longues phrases entortillées de l'auteur.

Mon dessein est de mettre entre les mains des amateurs et des travailleurs un document trop peu connu et devenu rarissime, quoique constamment cité et invoqué.

*<br>* *

L'édition originale des frères Cavaleri est reproduite page par page et ligne par ligne, avec la numérotation des pages et la cote des feuilles.

Il n'y a pas d'*Errata ;* cependant il s'y est glissé, malgré l'habileté des imprimeurs Turinois, quelques fautes typographiques, qui ne seront point corrigées (par un souci peut-être exagéré d'une exacte reproduction de l'œuvre primitive) mais il convient d'en signaler l'existence.

Ainsi, à la page 32, ligne 25, il y a Marsegila, pour Marseglia ; page 33, ligne 7, Confirmato pour Confirmanlo, et ligne 39 Cario pour Carlo ; page 34, ligne 1, noranta pour novanta, ligne 27, Madona di Filelso, quoique le nom donné ordinairement soit Filermo, et ligne 38, essistente pour esistente ; de même page 35, ligne 5 ; page 40, ligne 32, noranta pour novanta. A la page 42, ligne 14, il est imprimé Guglielmo Succone, et à la ligne 32 Gulielmo Succono ; même page, à la ligne 14, Pastorelli et à la ligne 30, Pastorello ; à la ligne 14, Francesco Peire et à la ligne 31, Francisco ; de même Francisco Caissotto à la ligne 29, alors qu'à la ligne 30 de la page 41 il y a Francesco ; ligne 21 Inanzi et ligne 26 Inanti...Aucune règle n'est suivie pour les noms propres. A noter encore qu'il est imprimé tantôt dieci tantôt diece.... et il est probable que d'autres *coquilles* existent, qui n'ont pas été non plus corrigées. Ceci soit dit, pour qu'on ne les attribue pas à mon imprimeur, dont la consigne était de donner le texte ancien, sans rien y changer.

Il a fallu employer des *f* pour représenter les *s* longs, qui ne sont plus usités : les lettres minuscules, avec un trait au-dessus, pour indiquer une abréviation, sont remplacées par des lettres avec accent circonflexe.

Le lecteur voudra bien rectifier lui-même.

Tout a été fait, par l'habile compositeur chargé de ce travail. pour se rapprocher le plus possible de l'Edition princeps, ce qui avec des caractères modernes n'est pas précisément facile.

La lettre ornée *L*, au début du *Discorso*, est la reproduction du bois ancien.

En outre, le frontispice du Rituel est reproduit à peu près dans sa grandeur, par un cliché photographique, à titre de document.

Les notes que j'ajoute, indiquées par des numéros, sont renvoyées à la fin du texte. Elles sont appuyées sur des documents des Archives et sur des auteurs autorisés : Gioffredo, Bonifaci, Scaliero, Cais de Pierlas, etc. etc...

A.-J. Rance-Bourrey.

*Sainte-Magnance, le 27 Juillet 190*

# RITVALE, ET STATVTI DEL MONASTERIO DELLE MONACHE DI S.ᵗᵃ CHIARA DELLA MAG.ᶜᵃ CITTA DI NIZZA,

OVE SI CONTIENE L'ORDINE DI RICEVER LE Nouitie all'habito della Probatione; Il modo che s'hà da tenere facendo la Professione; Et quello che s'hà da osseruare in detto Monasterio, tanto dalle Monache, che dalle figliuole, che saranno in esso introdotte per educatione.

COMPOSTO DAL MOLT'ILL. ET REVERENDISS. F. Francesco Martinengo Vescouo di essa Città, Conte di Drapo, & grand'Elemosinario di S. A. Serenissima.

AGGIONTOVI NEL FINE VN DISCORSO DEL Monasterio antico, & della edificatione del moderno, con molte particolarità curiose della Città, fatto da vn Cittadino di essa.

IN TORINO, MDCVIII.

Appresso Gio. Vincenzo, & Gio. Francesco FF. de Caualeri.

Con licenza de' Superiori.

[illegible]

[illegible]

[illegible]

[illegible]

[illegible]

[illegible]

[illegible]

# DISCORSO

## DEL MONASTERIO

### ANTICO

## DELLE MONACHE DELLA

### CITTA DI NIZZA,

Diuerfe volte diftrutto, & riedificato,

*.CON LA NARRATIVA DELL'EDIFICATIONE*
*fatta l'anno 1604. del moderno, fotto la regola, &*
*inuocatione di Santa* CHIARA,

CON L'OCCASIONE DEL CHE, SI RACCONTANO
diuerfe particolarità curiofe della Città;

*RACCOLTE LA MAGGIOR PARTE DALLE*
*fcritture dell'Archiuio, & altre memorie antiche de Cittadini,*
*l'Anno* 1608.

A Città di Cimella anticamente edificata, & habitata nella Collina di Cimies, fe ben da pochi Autori nominata, era però magnifica, & potente, il che fi rende indubitato dallo ftar' in effa vn Prefetto mandatoui da Romani, & dalle reliquie di vno bellifsimo Anfiteatro, di lunghifsimi acquedutti, & di altri fontuofifsimi edificij, che ancora hoggidì vi fi veddono. Dalle ruine di

D     questa

quefta Cimella credono communemente li volgari Cittadini, che for-
geffe la Citta di Nizza; Però (leggendofi cose fucceffe in quella più di
ducento cinquanta anni doppo la natiuità di Giefu Chrifto, & tronan-
dofi da chi caua nel fuo circuito non folo medaglie d'argento, & altri
metalli di diuerfi Imperatori, & Imperatrici, che regnorono affai doppò
(de quali molte fe ne veddono preffo à Cittadini di ciò curiofi) mà ancora molte pietre infcritte à huomini che viffero, & di fatti che feguiro-
no centenara d'anni doppo detta natiuità. Et hauendo di quefta fcritto
Hiftorici più di trecento venticinque anni prima della fudetta natiuità,
effendo anche verifimile (come fù edificata (secondo li Scrittori) da Mar-
fegliesi per refifter alle fcorrerie de Barbari, li quali infeftauano il loro
paefe) che molto prima la edificaffero, poiche già à quel tempo erano
ducento fettanta anni in circa, che Marfeglia non da Focenfi (come
fcriuono alcuni, mà da Focei, ò Foceenfi popoli dell'Ionia, hoggi detta Quifcon, li quali per paura de Persi nella quadragefima quinta Olim-
piade, & cofi feicento anni auanti la natiuità di Chrifto fuggirono da
loro paefi, era ftata edificata, & (come è da creder) fù Nizza da Mar-
fegliefi cofi chiamata in memoria di qualche vittoria (νίκη in Greco
detta) da loro ottenuta dell'iftefsi Barbari, come di fimil nome chiamò
parimente Aleffandro Magno la Città, che al rimpeto dell'altra Bucefa-
lia, fabricata dall'ifteffo fopra la fepoltura del fuo Bucéfalo, fece edifi-
care all'altra ripa del fiume Hydafpe in memoria della vittoria da lui
iui ottenuta di Poro Rè dell'India) conuien neceffariamente dire (effendo ftate tanto tempo tutte due infieme in piedi) che nò fii altro quella tradottca, che vna vana opinione popolare. Et che (come Cimella era
edificata in luogo inoguale, men atto alla fortificatione, lontano dall'ac-
que, & difcommodo à trafichi, & negotij maritimi. Et Nizza all'incontro
vicina, anzi contigua al Mare, in luogo ficuro; & forte, come è quello do-
ne prima fu edificata, che è la Collina oue hoggidi è il Caftello, luogo
veramente dalla natura fatto mirabilmente & eminente per fabricarui
(come al prefente vi è) il propugnacolo dell'Italia, circondato da vna
vgualifsima pianura, chiufa in forma di Teatro da amenifsime colline,
ornata di deliciofifsimi Giardini, odorifera per li foauifsimi fiori d'vna
infinità di Naranci, Limoni, Cedri, & altre piante, che di tutto tempo
per la temperanza dell'aria vi fono, arrichita di vaghifsime fabriche,
& rigata da limpidifsime, & abondantifsime fontane, & fra le altre da
vna, detta la Fonte fanta, (1) dall'augumento, ò diminutione della quale
per antichifsima offeruanza pigliano (li Contadini mafsime) indubitato argomento di feguente abondanza, ò penuria; & da vn'altra abon-
dante tanto, che (oltre il grande fpatio di terreno che adacqua) fà tra-

uagliare

uagliare quindeci Molini, trè edificij da carta, diuerfi da oleo, paratori, & altri ingegni, detta del Temple da vna Chiefa della Madonna, fabricata vicino alla fua origine, da Cauallieri Templari, de quali n'era vno Hofpedale nella Città, come per le fcritture dell'Archiuio fi legge, le entrate del quale, doppo l'abolitione di quei Cauallieri, furono applicate alla Religione di Malta, & erette in Commenda, che ancor al prefente (come le altre della Religione) per ordine di antianità, fi dà (con titolo di Commendator di Nizza) à Cauallieri della lingua di Prouenza, fotto la quale paffano, & fono comprefi li Caualieri Nizzardi) tirati gli habitatori di Cimella dalle commodità, & ficurezza fudette, lafciatala à poco à poco, fi riduceffero ad habitar in Nizza, & quella poi deftituta di habitatori andaffe in ruina. Ouero (per non dire che vna Città cofi bella, & fpatiofa, foffe fenza gran occafione abbandonata, & lafciata rouinare) bifogna creder (come cofa che tiene anche più del vero) che li Longobardi, mentre fenza Rè, dall'anno di Chrifto cinquecento fettantaquattro, fino al cinquecento ottanta quattro furono gouernati dalli loro Tiranni, ò Duchi, paffando nella Francia per quefte parti, fra gli altri danni che fecero, rouinaffero Cimella, & foffe lei vna delle fette Città di Francia, che Sant'Hofpitio (il quale all'hora rinchiuso in vna Torre fopra il capo che refta à Leuanre, contiguo al Porto di Villafranca, facendo con grande aufterità penitenza viuea, & per molti miracoli fioriua) prediffe douer effer da loro (trà altri infiniti mali) gettate à terra; & faluandofi Nizza dalla furia di coftoro, reftaffero li Cittadini di Cimella in Nizza, ò pure non faluandofi, mà effendo ancor da loro diftrutta, le reliquie de Cittadini di tutte due, per le caufe di fopra dette, riedificaffero quefta, & quella lafciaffero abbandonata. Mà fij come fi voglia, fono fempre ftati li Cittadini dell'vna, & l'altra amatifsimi, & offeruatifsimi del nome, & religion Chriftiana. Di Cimella lo fà chiaro la madre di San Celfo, la quale (fino dal tempo di Nerone, che pur era nel principio del Chriftianefimo) paffando San Nazario in Cimella per andare in Francia, gli diede il figliuolo Celfo, perche (come ella gli diffe) lo feguitaffe, & in fua compagnia fi prefentaffe inanti al Tribunale d'Iddio, fegno euidente, che già lei credeua nell'Euangelio predicato dal Santo Nazario; & fe effa era delle principali della Città, & di fameglia Illuftre (come vogliono li Scrittori) fi può neceffariamente concludere, che vi foffero feco molti altri Chriftiani, vedendofi per il più li principali delle Città effer feguitati dal popolo nelle loro attioni, & mafsime nella religione. Lo approua poi l'efferfi fuggito da Roma in Cimella, al principio della perfecutione di Decio Imperatore Santo Pontio nobile & Senatore Romano, & doppo l'effer iui ftato fatto prigione da Romani, che lo feguitauano, l'effer ftato nell'ifteffa Città in carceri fino alla fine dell'Imperio di Valeriano, & Galieno, di commiffione de quali, & da Claudio Prefetto da loro mandato fù martirizato; perche, fe li Cittadini non foffero ftati (almeno per il più) Chriftiani, ne lui come tale faria iui fuggito, ne tampoco hauriauo loro permeffo, che tanto foffe ftato in vita. Di Nizza ne rendono d'antichi teftimonio (fecondo alcuni) Santo Baffo, & San Trifone, mà fenza dubio Sant'Hofpicio haunto per Cittadino, & San Siacrio Vefcouo di effa, non però primo (fe fi hà da creder à qualche Autori più che alle memorie antiche della Città) come communemente è tenuto, & nominato, perche già al tempo di Sant'Hofpicio era vn Vefcouo in Nizza nominato Austodio, (2) che chiamato dal Santo al tempo di fua morte lo fepelì, & molto prima, anzi quafi al principio del Chriftianefimo (fecondo quel che fcriue il Cardinal Baronio nel fuo Martirologio, vi fù Vefcouo il fudetto Santo Baffo, mà fù ben indubitatamente San Siacrio primo Abbate del Monafterio di S. Pontio dell'Ordine di San Benedetto, che Carlo Magno nel viaggio che diftruffe Defiderio Rè de Longobardi, in gratia fua fondò, & dotò fuori le mura di Nizza, hauendo iui folo trouata la Chiefa doue era fepolto il corpo di detto S. Pontio Martire, fenza la tefta però, perche (come fi hà per antica, & continuata traditione) quando gli fù tagliata, cafcò nel fiume Paglione, che corre (sotto al rocco oue cio feguì, & da effo fù miracolofamente portata nel Mare, & poi al lito preffo al luogo di Colobrieras in Prouenza, doue fù ritrouata con duo lumi in forma di torchi acceff, & poi trafportata à Marfegila, doue fi ritroua. In quel Monafterio, San Siacrio, ancorche nepote di Carlo Magno, & Conte Brienfe viffe in vita monaftica, & fanta, facendo molti miracoli di fanar infermi, liberar indemoniati, & fufcitar morti, & fra gli altri, fentendo vn giorno vn gran pianto, & gridore, che s'era leuato nel popolo, per vn figliuolo, che caualcando poftofi il cauallo à correr, era cafcato à terra, & dal cauallo ftato morto, corfe il fanto velocemente oue era il pianto, & vifto il figliuolo morto, poftofi in oratione, mife vn fegno di Croce fopra di effo, & fubito il figliuolo rifufcitò, & fano lo reftituì à fuo padre. Parimente vn'altra volta moffo il Santo a compaffione d'vna donna à cui era morto vn figliuolo, & era raccolfa da lui piangendo, & cridando: Oh Siacrio beato feruo di Dio, rendimi il mio figliuolo: ftefe le mani al Cielo, inuocò la diuina clemenza, & il figliuolo rifufcitò. Doppo la morte con offequie fatteli Pontificali da Chierici, regali da Laici, & trionfali da Soldati armati, fù fepolto nella Chiefa dell'ifteffo Monafterio, oue il fuo corpo, con il fudetto di S. Pontio, &

quelli

quelli di S. Frontone, Sant'Anfelmo, Santa Simplicia, & molte altre reliquie fi conferuano, & il tutto più ampiamente fi legge in vn libro antico fcritto à mano. del Monafterio. (3) Lo teftifica parimente de moderni il Beato Gerolamo Garibo Frate Conuentuale di San Francesco, Cittadino di Nizza, il cui corpo ancora intiero hoggidì fi conferua nella Città di Bologna, nella Chiefa delli iftefsi Frati Conuentuali, da Bolognefi, & tutti vniuerfalmente tenuto in gran veneratione. Confirmato anche le Religioni Domenicana, Francifcane Conuentuale, Offeruante, & Capucina, Agoftiniana, Carmelitana, di San Benedetto, & del Giesù, introdotte per il più fino dalla fondatione loro; & poi augumentate, & mantenute fino al prefente in effa. Inoltre le Compagnie de Secolari de Difciplinanti, della Mifericordia, del Giesù, del Santo Sepolchro, di San Spirito, delle Orfanelle, delli Orfani & altre; di più li tré Monti di Pietà della Mifericordia, di San Spirito, & del Corpus Domini, l'Hofpitale feruito à vicenda in perfona delle più nobili, & principali matrone, & tante altre opere pie, & religiofe nella Città fondate, per mezo' delle quali fi fouuiene à poueri, fi conferua, & accrefce la pietà, & religion Chriftiana in effa. il che tanto maggiormente feguirà da quì inanti, con la commodità del Collegio di fei Claffe, erettoui nouamente dalli Padri Giefuiti, (4) fondato però dal Sig. Pontio Ceua Cittadino di Nizza, con dote ( oltre libri, & mobili belifsimi ) di feudi quindeci milla da diece giuli l'vno, in tanti monti in Roma, che rendono feudi ottocento quaranta fimili l'anno, & di feudi trecento d'oro annui, (oltre mille vna volta fola per il fito) dattili dalla Città, cô le conditioni, & come più à pieno fi legge nell'inftromento fatto in Roma li quindeci Nouembre, mille feicento cinque, con altri fuffequenti, rogati à Quintiliano Gargario Notaro Romano, poiche per mezo di effo si potrà la giouentù introdurre à tutte le fcienze, & fotto la difciplina loro s'alleuerà nel timor di Dio, & continuo effercitio di buone opere. Ne à tutte quefte vi è mancata quella che pare fij vna delle principali, cioè il Monafterio di Monache, perche antichifsimamente ve ne era vuo dell'Ordine Ciftercienfe fotto il titolo di San Stefano di Cortina, fabricato (per quanto fi può congietturare) nel territorio di Nizza, preffo il porto di Villafranca, all'hora detto Porto d'Oliuô, & alla parte da Ponente di quello, vedendofi iui ancora hoggidì ( oltre le vestigie delle ruine ) la Chiefa intiera fotto l'ifteffo titolo, & è da creder, che da quel luogo foffe trasmutato per fuggir gl'inconuenienti che poteuano occorrer, per effer il Porto disbabitato, & riduruifi ordinariamente ladri, & banditi che infeftauano il paefe, dal che conftretto Cario fecondo, all'hora Rè di Napoli, & patron di Nizza, per leuarli tal ridutto, induffe con molti priuileggi & effentioni

34

fentioni conceffeli l'anno Mille ducento noranta cinque, li diece d'Agofto, gli habitatori di Monte Oliuo a retirarfi, & habitare in detto Porto,
come fecero, edificandoui Villafranca, con conditione però & ordine
fra gli altri di detto Rè, che non doueffero permetter, che iui habitaffe
alcuno Prouenzale, ò che foffe di là dal Varo, verfo Ponente. (5) La grandezza, & bellezza di quefto Porto, & la commodità del capo che refta da
Leuante detto di Sant'Hofpitio, & corrottamente Sanfofpir, dall'habita-
tione, & penitenza che Sant' Hofpicio (come fi è detto) fopra di effo
fece nella Torre, le cui ruine ancor al prefente con altri luoghi, fono di-
uotamente vifitati, fe ben parte di fue reliquie, con molte altre in vna
caffia fi côferuano nella grande Chiefa del Caftello, la quale anticamente era la Cathedrale, accompagnata di bellifsime habitationi del Vefcouo, & per li Canonici, che (come fon Regolari di Sant'Agoftino (6) all'hora tutti infieme habitauano, & viueuano; gionte le carezze, & grate ac-
coglienze fatte dal Duca Carlo à Cauallieri di S. Gio. Gierofolimitano,
detti di Rodi, ò di Malta, & in particolare à Frà Filippo Villers Liladamo loro Gran Maeftro, dal quale fù tenuto à battefimo il Duca Emanuel
Filiberto, haueano indutto detto Gran Maeftro dopò la perdita di Rodi, à retirarfi (come fece) con tutta la Religione à Nizza, con penfiero
di habitar fopra detto capo, & ifolarlo, che facilmente fi può fare; mà
reftando il luogo molto lontano da Turchi, à quali quelli Cauallieri particolarmente profeffano di far guerra, defiderando anche con il tempo
ricuperar Rodi, per hauer meglio cômodità, & occafione di fare l'vno,
& l'altro, & maggiormente dimoftrar il valor loro, hauuta l'Ifola di
Malta, & del Gozo, con Tripoli di Barberia, fotto il riconofcimento d'vn
Falcon l'anno in feudo dall'Imperator Carlo Quinto, lasciata in Nizza
la bellifsima Ancona della Madonna di Filelfo, che al prefente è (mutato
però vn San Giouanni che vi era, in vn San Bartolomeo d'altra mano
affai inferiore) nella Chiefa de Capucini, con l'arme di detto Gran
Maeftro Liladamo, che parimente fono fopra la porta doue ftantiaua
preffo il Pozzo di Mafcoinas, andorono ad habitare in detta Ifola, oue
(difefala valorosamente nel Mille cinquecento feffanta cinque dalla po-
tenza Turchefca) hoggidì fiorifce la Religione loro. (7) Fù riedificato il
Monafterio delle Monache del medemo Ordine, & fotto l'ifteffo titolo
à Richies, nel luogo oue è la cafa, & il piccolo Giardino (che era quel-
l'ifteffo del Monafterio) preffo il Molino del Capitan Gio Battifta Varleto, il primo nella ftrada che và à Villafranca, come ne dauano fegno
apparente, le ruine dell'edificio iui efsiftente, & pochi anni fono dall'i-
fteffo Sig. Varleto (per ingrandire, & imbellire la poffefsione fua) tolto, (8) &
fi legge per vn'iftromento che hà effo Sig. Varleto, rogato da Ludouico

de

de Mafsiglia Notaro, li fedici di Ottobre, Mille quattrocento ventiduc nel quale vno Antonio de Caijs vende quel Giardino, che dice era il Monafterio antico delle Monache, & promette far ratificar il contratto all'Abbate di Toroneto, al quale il Monafterio era fottopofto. Mà come per le guerre fù neceffario demolire il Borgo efsiftente fuori della Porta della Pairoliera, cofi fù anche del Monafterio comprefo in effo, non man-corono però li Cittadini, di fabricarne di nuouo vn'altro del medemo Ordine & titolo nella Città, & nella parte di quella hoggidì comprefa nel Caftello, che refta verfo Leuante dalla Piazza dell'Artelaria, chiamafi il luogo ancor al prefente il Monafterio. (9) Succedendo poi, che la Città ( la quale prima fotto l'Imperio de Marchefi, & Conti di Prouenza era gouernata dalli Confoli eletti ogni anno dal popolo, & li quali haueua-no ogni poffanza nella Città, & Cittadini, tanto ciuile, che criminale, conceffali da Ildefonfo Rè d'Aragon, Conte di Barcellona, & Marchefe di Prouenza, come per l'atto fatto nel pian del Varo, del mefe di Giugno, Mille cento fettantafei, riftrettali prima alcunamente tanto larga poffanza de fuoi Confoli da Raimondo Berengario quarto di quefto nome, come leggefi per atto rogato à Guglielmo Terij Notaro nell'anno Mille ducento ventinoue, li roue di Nouembre, & poi fuccefsiuamente) fi fot-topofe con fua Vicaria, alla Serenifsima cafa di Sauoia; il che per di-moftrare, & come, & con che ragione, & autorità fuccedeffe, & infieme per sbatter, & far apparere la maleuolenza d'alcuni nemici della Città, che procurano di macchiar il titolo di fedelifsima, che dalla fondatio-ne acquiftato, fi è poi fempre fino al prefente, sì in particolare (poiche in tanti trattati, che di ogni tempo fi fono fcoperti contra il feruitio del Prencipe, & in danno della Città, & Caftello, non fi è mai trouato alcu-no Cittadino complice) come in commune, hauendo fempre li Cittadi-ni tutti vnanimi difefo l'vn' & l'altro ( per il più foli ) da chi hanno per forza, ò sotto altri pretefti voluto pigliarli à fuoi legitimi Prencipi) dalla Città, & fuoi Cittadini conferuato, facendo vn poco di digrefsione dal propofito noftro, ripetendo quafi à ponto quello che in altra occafione fcrifsi, dico. (10) Dal fudetto atto del Mille cento fettantafei, fatto nel pian del Varo farfi palefe la menzogna di coloro, che per l'effetto fudetto, & non per altro vogliono attribuire alla Città, la morte di Raimondo Be-rengario fratello del fudetto Ildefonfo, poichè fi vede da quello, l'ifteffo Raimondo Berengario hauer giurata quella concefsione, & efferui in-teruenuto; e gli otto millia, & cinquecento foldi, che pagò la Città al Conte Sancio loro fratello, & Vnione fuo figliuolo, non furono per quel-la morte, come contra la verità afferifcono coloro, mà ben per la confir matione della fopradetta concefsione dell'Ildefonfo, come fi legge per

vn'atto

vu'atto fatto nel piano d'Ariana, li ventiuno Agofto, Mille ducento, & diece, rogato à Raimondo Terij, nel quale è quella inferita,. & dicefi il Raimondo Berengario fratello premorto. Et fe pur in alcun tempo da Nizzardi fù morto alcuno di quella fameglia, non può effer altro, che quel Berengario Raimondo figliuolo di Dulcia fefta fi Conteffa di Prouenza, mà vltima della cafa di Borgogna, per mezo, & matrimonio della quale, quel Dominio all'hora fù transferto nella cafa d'Aragon; il quale (morto Gilberto fettimo Conte di Prouenza fuo fratello, lasciata Stefanide fua vnica figliuola, moglie di Ra monco Baucio, à chi di ragion apparteneua lo Stato, & Hugo di Baucio fig'iuolo primogenito, della qua- le già n'era ftato inueftito dall'Imperatore Corrado, & poi anche da Federico primo fuo fucceffore) volfe contra ragione impatronirfi del dominio del Stato, fcacciandone coloro à chi di ragione appateneua, & per li quali non folo Nizza, mà Arles, & la maggior pa te delle Città, & luoghi di Prouenza teneuano, il quale fu ammazzato combattendo l'anno Mille cento quaranta cinque; & fe ben poi Raimondo Berengario figliuolo, ò come altri più communemente vogliono fratello di quefto Berengario Raimondo, & anteceffore del fopradetto Ildefonfo, hebbe il dominio di Nizza, & della Prouenza, quefto fù per hauerglilo indi la fudetta Stefanide. & fuoi figliuoli l'anno Mille cento cinquanta, il primo di Settembre volontariamente ceduto, & efferne lui ftato li dieceotto Agofto Mille cento fettanta due dall'ifeffo Imperator Federico primo (di cui haua fpofata lo nepote) inueftito, come per l'atto fatto in Torino dopò la diftruttione di Milano, l'anno, & giorno fudetti appare; dopò il che, hanno sempre li Nizzardi perfeuerato, perfeuerano, & perfeueraranno fotto l'vbidienza de' loro legittimi Prencipi, con pura, particolare, & intemerata fedeltà dall'iftefsi loro Signori, & patroni per fempre laudata, commendata, & magnificata, come nelle fcritture della Città, & tanti, & sì fingolari priuileggi d'ogni tempo per ciò concefsili fi legge, & le opere (mafsime di memoria noftra) l'hanno dimoftrato. Morto dopò fucceffo di tempo il Rè Carlo terzo, à cui, Papa Vrbano fefto per il fcifma caufato, & aiuto dato dall'Antipapa Clemente dalla Regina Gioanna prima, nepote del Rè Roberto, hauendola fcommunicata, & priuata de fuoi Stati, gli haua conferti, & di efsl trà quali era Nizza, & fua Vicaria per quefto, & come più profsimo nel grado di fucceder, & per altre caufe, n'era legittimo patrone, & Signore, fucceffe nel Regno. & Stati Ladislao fuo vnico figliuolo mafchio, il quale (per la rebellione di Napoli & di tutti gli altri luoghi del Regno) fù conftretto ridurfi con la madre Margarita, & la forella Gioanna feconda (che poi li fucceffe) in Gaeta, che fola di effo li era rimafta fedele; ne potendo

Ladislao,

Ladislao, ſtante la sua calamità, dar ſoccorſo alcuno à Nizza, oppreſſa all'hora molto, & trauagliata da Ludouico d'Angiò ſuo nemico, per reſiſter alle oppreſsioni di eſſo Ludouico, ſi diede la Città & volontariamente per trattato di Gio. Grimaldo Baron di Boglio, Luogotenente Regio, & Seneſciale, & altri Gentilhuomini d'eſſa Città, ſi ſottopoſe con tutta ſua Vicaria alla Sereniſsima caſa di Sauoia, conuenendo con il Conte Amedeo, detto il Roſſo, come per l'atto fatto inanzi la Chieſa del Monaſterio di San Pontio, fuori le mura della Città, li ventiotto di Settembre, Mille trecento ottantaotto, rogato per parte del Conte à Pietro Ducis ſuo Secretaro, & per la Città à Gio. Trofemo Notaro di eſſa ſi legge. Queſta ſottomiſsione, & contratto, non ſeguì perchè (come vogliono alcuni, & particolarmente il Gio. Nicolò Doglioni moderno Scrittore (11) nel ſuo Teatro de Prencipi) Nizza ſi fuſſe ribellata da Ladislao, eſſendo che lei, & ſuoi Cittadini (come ſi è detto) ſono ſempre ſtati di fedeltà incorrotta; & oltre ogni credenza zelanti della conſeruatione del titolo di fedeliſsimi, mà ben fù fatto con il conſenſo, licenza, & buona volontà dell'iſteſſo Rè Ladislao, & della Regina Margarita ſua madre; il che ſi proua per la narratiua della conuentione fatta dal ſudetto Gio. Grimaldo Baron di Boglio, per mezo di Ludouico ſuo fratello, con il detto Côte Amedeo, (12) rogata à Martino de Calcibus Notaro, li due Agoſto, Mille trecento ottanta otto, & vna lettera di credenza, che ſi côſerua nell'Archiuio, fatta del detto anno, li trenta di Marzo, in Gaeta, da eſſo Rè Ladislao in Raimondo Garnerio licentiato in leggi, & Antonio Dioniſio Ambaſciatori Nizzardi, per ciò inuiatili, in compagnia del ſudetto Ludouico, parimente per Ambaſciatore mandatoli dal già detto Baron di Boglio, che come Luogotenente Regio cômandaua in queſte parti, & a ſue proprie ſpeſe, ſenza alcun ſoccorſo haueua trattenuta la guerra in fauor del Rè contro li Angioni per lo ſpatio di ſei anni continui, li quali tutti portarono licenza dal Rè, & dalla Regina al predetto Baron di Boglio, Nizzardi, & altri di queſto paeſe, di raccorrer à qualche grande, & potente Prencipe, che più gli tornaſſe commodo (eccettuati li di caſa d'Angiò) & ad éſſo ſottoporſi nell'iſteſſa maniera che erano à loro, ò come meglio gli parrebbe, atteſo che per le guerre d'Vngheria, & di Napoli non gli potean dar ſoccorſo. Si proua parimente chiaro per li patti (maſsime della reſtitutione, & riſcatto fra tre anni) appoſti nella ſudetta conuentione, & contratto; fra quali non hauendo potuto Ladislao compire alli patti conuenuti da Nizzardi in ſuo fauore, per le continue guerre, & diſaggi, che hebbe in riacquiſtar il Regno, ſe ben poi fù potentiſsimo, bellicoſo, & ambitioſo de Stati, con tutto ciò come magnanimo, & oſſeruatore di parola, laſciò goder' alli ſucceſſori

E

di

di detto Conte Amedeo ( che affai prefto morì ) Nizza con fua Viéaria,
& altri luoghi di quefti paefi quietamente, anzi per vu'atto fatto à Vi-
terbo, il dieciotto Gennaro Mille quattrocento due, rogato per M. Pef-
felij, Gerolamo Franco, & Gio. Lombardo, in prefenza de' più grandi
Prencipi d'Italia, de quali, vna parte fono fignati nell'atto, confirmò, &
autorizò la foprafcritta conuentione fatta da Nizzardi in favor del fu-
dètto Conte di Sauoia. Et fe ben per le pretenfioni che poteuano hauere li di cafa d'Angiò fopra Nizza, & Contado, fuffe feguita tranfat-
tione per mezo de loro eletti trà il Duca Amedeo, & il Rè Ludouico terzo, ò fij Iolanda fua madre, rogata Giacobo Fontana, & Raimondo
Raimondi Notari, li cinque di Ottobre Mille quattrocento diecinoue,
ratificata poi dalli iftefsi Ludouico. & Iolanda, li ventifei del medemo
mefe, la lettura de quali atti dimoftra effer mera vanità quello che fi dice communemente, & fcriuono alcuni, che la cafa di Sauoia habbia in
pegno la Città, & Contado di Nizza, & che il Re di Francia, come fuc-
ceffovi della cafa d'Angiò vi habbiano ragione fopra; (13) con tutto ciò,
per afsicurarfi d'ogni forza, & inconueniente che poteffe occorrer, fatto
dalli Serenifsimi noftri Duchi di Sauoia nell'anno Mille quattrocento
quaranta fabricare il Caftello nella grandezza che è, efclufa l'aggionta
delli Boloardi, & piata forma verfo Tramontana, fattali l'anno Mille
cinquecento venti, dalla quale, & da vn profondifsimo Pozzo d'acqua
viua, cauato tutto nella rocca dentro di quello, oltre la bellezza, fù refo
inefpugnabile; dalche, & dal fito preffo al Mare, che gli dà commodità
d'ogni foccorfo, tirato Papa Paolo terzo, penfò d'impatronirfene per fuo
nepoto Pietro Luigi Farnefe, & pigliata l'occafione dell'aboccamento,
che feguì l'anno Mille cinquecento trenta otto nella Città, tra lui, l'Imperatore, & il Rè di Francia, (14) lo domandò per fuo alloggiamento, il che
dal Duca Carlo (al quale quella Città fola, con Vercelli, & Cuneo auan-
zaua de fuoi Stati, tenendo l'Imperatore, & il Rè il reftante) gli fu con-
ceffo, mà auedutifi li Cittadini che erano alla guardia del Caftello, che
fotto pretefto delle robbe di Sua Santità, erano introdutti li forcieri pie-
ni d'arme, & intendendo che l'ifteffo Pietro Luigi, con ducento Soldati
della guardia veniua inanti per entrar nella fortezza, prefo (come fede-
lifsimi fudditi) il Prencipe Emanuel Filiberto che era nella Città, & por-
tatolo in Caftello, ferrate le porte, non uolfero, ammetter dentro, ne Sua
Santità ne tampoco l'Imperatore, che parimente lo domandò, quantonque noue anni inanti nella paffata che fece per Nizza, andando in Prouenza con l'effercito, gli haueffero fatte molte carezze, vifitatolo per
Ambafciatori à pofta eletti, & datoli vn bellissimo prefente, come per
l'ordinanza delli diecinoue Luglio Mille cinquecento ventinoue appare ;

per il che

per il che quefto alloggiô à Villafranca, & quello nel Conuento de' Frati
Zoccolanti, che bellifsimo era fuori le mura della Città dirimpeto alla
Porta di Sant'Allodio di la Paglione, capace tanto, che vi haueano al-
loggiato dentro più di trè mila Frati, nell'occafsione di vn Capitolo Generale che vi fi tenne, diftrutto poi nell'affedio de Turchi, hauendo il
Rè prefo il fuo alloggiamento alla Torre di Genoefio fopra la Balmeta,
tenendofi però la Corte, & lui ancora (fuori delle occafioni di trattar con
S. Santità) à Villanoua dilà dal Varo; & cofi reftando per la fabrica,
& aggionta fudette il Monafterio inclufo in effo Caftello, nè conuenendo che le Monache habitaffero fra Soldati, abbandonato quello, fi ri-
duffero à ftantiare preffo la porta di Sant'Allodio, (15) oue ftettero fino che
fù edificato vn'altro Monafterio nella Villa fuperiore, preffo le mura
antiche inferiori della Città, fopra Sant'Agostino, nella strada ancor
detta di Santa Ghiara, & iui ftette fotto l'Ordine Ciftercienfe, fottopofto al detto Abbate di Toroneto, & anche con il titolo di San Stefano di Cortina fino all'anno Mille cinquecento cinquanta vno, li due di
Ottobre, che dal Vicario Epifcopale, à richiefta delli Signori Sindici, &
in virtù di vn Breue Apoftolico già fino dell'anno Mille cinquecento
trentanoue, li dieciotto Luglio, ottenuto dalla Città non effendoui più
che vna Monaca, fù eftinto, & conuertito nell'Ordine, Religione, & titolo di Santa Chiara, come consta per atto rogato à Bartholomeo Ben-
za Notaro, detti anno, & giorno. Mà portando di nuouo, le occafioni,
& la volontà del Serenifsimo Duca noftro Emanuel Filiberto. (16) che fi ac-
crefcieffe la fortezza, & fi fabricaffero le tenaglie ò fij Cittadella nuoua,
per render totalmente il Caftello fuori d'ogni fofpetto, poiche l'efperien-
za hauea dimoftrato, che da quella banda, fi poteua almeno tentar di
nocerli, effendo cofi feguito (mà in vano) nell'anno Mille cinquecento
quaranta trè, del mefe d'Agofto, quando da Francefi, & Turchi vniti infieme, con armata maritima di trecento vele, condotte da Barbaroffa, &
effercito infinito per terra fotto Monf. d'Anghien Generale de Francefi,
dopò longo affedio, batterie continue, & diuerfi affalti in tutti ributtati,
con perdita di molta gente, & alcune infegne, & fra effe (il giorno della
Madonna di mezo Agofto in vn'affalto generale) di vna d'Italiani delle
compagnie di Pietro Strozzi al Baftion di San Sebaftiano, ò fij della Pairoliera oue era la batteria de Francefi, & d'vn'altra de Turchi, leuata nel-
l'affalto all'Alfiere, da vna Cittadina chiamata donna Maufachia, (17) che
(ad imitatione di quello che faceuano molte altre in altri luoghi) com-
batteua alla Torre de cinque Cairi, oue era la batteria de Turchi, &
hoggidì è il Baftion di San Giorgio, nel qual luogo anche l'iftefo giorno, durante l'affalto, apparue visibilmente la Madonna Santifsima, in

E 2    memo-

memoria del che (conftrutta poi iui vna Capella) fi fà ogni anno la Pro-
cefsione generale per voto publico; (18) prefa finalmente à patti (che poi
ruppero) la Città, fù piantata in quel luogo vna batteria contra il Caftello, con la quale altro non fecero chè demolir parte della pouta della
Torre reale, ancorche vi fteffero fin che per timor del foccorfo con-
dotto dal Marchefe del Vafto, confufamente, & in freita fi partirono,
menando però li Turchi molte migliara d'anime fchiaue, & dato da
Francefi (dopò hauerla facchegiata) il fuogo nella partenza alla Città,
che abbrugiò la maggior parte delle cafe. Conuenne per necefsità un
altra volta rompere, & disfare il Monafterio di Santa Chiara, reftando
tanto vicino, & fottopofto alle mura della Fortezza nuoua, che con ficurezza di effa, & molto meno con decoro delle Monache, non poteva ftar
iui. Et come affai prefto foprauenne nell'anno Mille cinquecento ottanta, vna crudelifsima pefte nella Città, (19) per la quale (fuiandosi il co-
mercio) li Cittadini in particolare s'impouerirono, & in commune
confumate le entrate publiche, che anticamente baftauano à far effer-
citi, & armar Galere, come delle Galere ne danno fegno le reliquie del-
l'Arzenale oue fi fabricauano, che fono dietro il Palazzo di S. A. & di
tutti due fi vede effer feguito per li conti di Gio. Trofemo Chiaua-
rio, ò fij Teforiero della Città inferiti al longo nella quittanza fattali
li trè di Marzo, Mille trecento ottanta quattro, (20) rogata à Bartholomeo
Toirano; fi impegnorono di molti migliara di fcudi : Si conferuò folo trà efsi il buon' animo di riedificarne un'altro, fino all'anno Mille
cinquecento nouanta fette, che alli due di Marzo (21) (defiderando met-
terlo in efecutione) fù ordinato dal Confeglio, che fi faceffe il Monafterio, & per trattenimento delle Monache, gli fece donatione irre-
uocabile, & perpetua di fcudi trecento annui, da quindeci bianchi
l'vno, douutili fopra il Dritto di S. Alt. di Villafranca, per l'effentio-
ne de Cittadini, & come più à pieno confta per atto, rogato a Gioan-
ni Leotardi, Notaro, & Secretaro della Città, detti anno, & giorno.
La difficultà però di ritrouar vn fito à propofito, non permeffe che ve-
niffe ad effetto, & quantonque l'anno Mille cinquecento noranta noue,
li fedeci di Decembre (dopò molte precedenti ordinanze del Confeglio) eletto vn fito alla Chiapa, preffo la porta della Marina, fuffe
conftituta, & afsignata la dote al Monafterio da fabricarfi, non tanto
di detti fcudi trecento, mà di altri ducento d'oro annui, di cenfi acqui-
ftati per quefto, del fpoglio del fù Monfignor il Vefcouo Palauicino,
conceffa la licenza di piantar la prima pietra, come confta inftromento, rogato li predetti anno, & giorno, a Antonio Serra Notaro; & che
più è, da Monfignor Ludouico di Boglio Vefcouo di Venza, Abbate
di

di San Pontio, Gran Cancelliere dell'Ordine dell'Annonciata, Gran Priore della Chiefa della Religione de' Caualieri di SS. Mauritio, e Lazaro, & Gran Elemofiuario di S. A. (vacando la Sedia Epifcopale per la morte di detto Monfignor Ludouico Palauicino Vefcovo) piantata la Croce, (22) & dato principio alla fabrica; con tutto quefto, la vicinanza della Porta, & muraglie, gionta l'occafione che l'anno feguente Mille feicento, li due di Ottobre, prima Domenica del mefe, & giorno della feftiuità del Santifsimo Rofario, foprauenne della fcalata che (penfando trouar li Cittadini fprouifti, inhabili alle arme, & pigliarli d'affalto, come quafi nell'ifteffo tempo fecero à Monmeliano, & Borgo in Brefcia) li Francefi fotto la condotta del Duca di Ghifa, diedero alla cortina contigua, con rottura del raftello dell'ifteffa Porta della Marina, con pettardi, di doue però con prefa della fpada del Duca di Ghifa, morte del Pettardiero generale di Sua Maefta Chriftianifsima, & d'altri capi, & ferite di molti di loro (lafciati trè pettardi, & vndici fcale. tra quali cinque di ftrana longhezza di trentatre fcalini l'vna) furono da Cittadini foli, fotto la condutta dell'Illuftrifs. Sig. Annibale Grimaldo Conte di Boglio, loro Gouernatore, & Colonnello, & hora Caualier dell'Ordine dell'Annonciata ributtati; (23) fece entrare in penfiero li Cittadini, che con il tempo doueffe vn'altra volta correr l'ifteffa fortuna delli altri, & così non fi ripighò, ne continuò la fabrica già per inanzi affai prefto difmeffa, quantonque vn'altra volta, li ventitrè Settembre, Mille feicento vno, fe ne trattaffe. Finalmente poi, non volendo il Signore permetter, che opera così fanta, fi tiraffe più alla lunga, nell'anno Mille feicento quattro, Il ventiquattro di Giugno, primo giorno dell'ingreffo del nuouo Sindicato, per la mutatione pochi mefi inanti fatta dell'elettione de' Sindici, & altri Officiali della Città, dalli ventinoue di Decembre, giorno anticamente folito, alla feconda fefta di Pentecofte, (24) fenza premeditazione fua, ne d'altri, mà fi può dire per efpreffa volontà diuina propofto il negotio dal Molt'Illuftre Signor Francefco Caiffoto Confeglier di Stato, Senatore, & prefetto di Nizza, per S. A. che all'ora come tale prefedeua nel Confeglio, & li quattro di Luglio, fatta elettione di vn fito, dimoftrato dal Reu. Giacomo Francefco Giauceleto, Canonico, & infirmario della Cathedrale, (25) alla ftrada del Codo, & fuori del pericolo delli altri antichi, fù ordinato, che fi donaffe principio alla già tanto defiderata fabrica del Monafterio, con pagamento dalla Città (oltre il primo cofto delle cafe neceffarie per il fito) di fcudi cinquecento d'oro per effa fabrica. Et all'hora in vero fi riconobbe che il Demonio (temendo le orationi di tante verginelle, che con il tempo s'erano ridotte nelle altre, & fono per ridurfi in quella fanta cafa

42

fa à fernir Dio, gl'inconuenienti, che con la commodità di trattenerſi
le figliuole de' Cittadini iui ad imparare, ſi ſchiueranno, & tante altre
buone opere, che per mezo delle Monache, & da loro ſi fanno) poteua
hauer indutto gli antichi à fabricare il Monaſterio, in luoghi, doue tante volte era ſtato neceſſario diſtruggerlo, per far perder l'animo à Cittadini di mai più fabricarne alcuno: perchè, preuedendo che nel luogo diſſegnato, non ſi poteua in alcun tempo, ne per alcuna occaſione
veriſimilmente temer della demolitione, reſtando (come ſi è detto) fuori di tutti li pericoli, che haueano dato cauſa alla diſtruttione delli altri:
ſuſcitò alcuni Cittadini, che con altri vani preteſti ſi ingegnorono di
impedire, ò almeno differire operà si ſanta, pia, laudabile, neceſſa-
ria, & deſiderata communemente; mà ſuperate al fine, & ſpianate tutte le oppoſte difficoltà dalla prudenza, & deſtrezza delli Signori Honorato Paſtorelli Dottor di Leggi, Gio. Francefco Peijre, Guglielmo Succone, & Henrico Virello all'hora Sindici, fatta la permutatione delli
feruitij enfiteotici con detto Abbate di S. Pontio (al quale erano ſot-
topoſte le caſe) come conſta per inſtromento rogato à Andrea Robini
Notaro, li venti Settembre Mille ſeicento quattro, & accordati alcuni
capitoli circa l'erettione, & gouerno dell'entrate, da Monſignor Frate
Francefco Martinengo Vefcouo, come per ſue lettere patenti ſotto li
ventitrè dell'iſteſſo Settembre, (26) piantata la Croce li ventiquattro Ottobre indi ſeguente, & li ventiotto poſta la prima pietra, ſotto il canto
della Chieſa dà Ponente & mezo giorno, vicino alla porta del Monaſterio ſcritta delle ſeguenti parole.


D. O. DEIP. VIRG. & B. CLARAE.
CLEMENTE. VIII P. M. CAROLO. EMAN.SAB. DVCE.
SVBALP. PRINCIP. NICEAE. COM. &c. REGNAN.
F. FRANC. MARTINENGO. EPISC. ANNIBALE.
GRIMALDO. BOLEI. COM. GVBER. FRANCISCO.
CAISSOTO. PRAEF. HONORATO. PASTORELLO.
I. V. D. IO. FRANCISCO. PEIIRE. GVLIELMO.
SVCCONO. & . HENRICO. VIRELLO. COSS.
NICAENA. CIVITAS. D.
A. D. MDCIIII. IV. KAL. NOVEMB. (27)

Fù dato principio alla fabrica, & prima che detti Sindici vſciſſero
d'vffitio, ridotta à termini tali, che poi, con la continuatione fatta
dalli ſucceſſori, ottenuta la Bolla da Papa Paolo Quinto, li ventiotto

Nouem-

Nouembre, Mille feicento fei, (28) ftabilita la dote delle Monache à fcudi trecento d'oro per ogn'vna ( oltre li vtenfili ) come per atto rogato al fudetto Gio. Leotardi, li 21. Aprile Mille feicento fette, & ridutto il Monafterio à perfettione dalli Signori Flaminio Tonduto, Bartholomeo Todone, Gio Battifta Germano, & Liontio Bigaccio Sindici, & Bartholomeo Baldouino Dottor di leggi, Affeffore, vi furono introdotte con giubilo, & applaufo vniuerfale Suor Filiberta Bertona Badeffa, & Suor Chiara Beatrice di cafa Monaca, Vicaria, ambe da Ceua Monache, condottéui & eftratte (con licenza de' Superiori, come per le lettere mifsiue della Congregatione de Cardinali, di data delli dieciotto Settembre Mille feicento fei, dirette al fudetto Monfignor Martitengo) dal Monafterio di Santa Chiara del Mondouì, come per l'atno di remifsione, rogato à Gio, Francefco Magliani Notaro del Mondouì, li quindeci Giugno Mille feicento fette, & poi fatti li Capitoli, concernenti l'offeruanza della Regola, & il Rituale per riceuer, & far Profeffe le Monache dall'ifteffo Monfignor Martinengo, cominciò la Signora Caffandra Grimalda ( hora detta Suor Chiara Catterina) li cinque di Agofto indi feguente, la prima à pigliar l'Hubito, feguitata affai prefto da molte altre, come al libro del Monafterio, per ordine fi vede (29). Piaccia à Iddio non folo conferuarlo, mà anche augumentarlo à laude, & gloria di Sua Diuina Maeftà, & beneficio publico.


IL FINE

# NOTES

(1) Vers 1640, la source intermittente que l'on appelait la *Fontaine sainte* cessa de couler ; puis elle reparut avec abondance en 1642, ce qui inspira une œuvre signalée par Bonifaci, en deux endroits : 1° *Poemetto di fonte santo quale da molti anno sicco sporga abondantamente nell'anno presente (1642). Composizione di A. Audiberti, stampato dal Romero* ; 2° Audiberti, *Poema di Fonte sancto. Niciæ typós Romeri, 1642-3.*

C'est une plaquette in-4°.

Les sources des environs de Nice faisaient marcher plusieurs moulins et trois battoirs à papier.

(2) Saint-Hospice mourut en 581 et fut enseveli dans l'ancienne cathédrale Sainte-Marie, par l'évêque de Nice Austadius. Cet évêque siégea vers 580 et mourut en 585. Son vrai nom est Austadius et non Austodius, selon Gioffredo *Nicœa Civitas*, p. 105-113 et p. 157. Seul parmi les auteurs anciens, Grégoire de Tours en fait mention.

(3) En marge de l'exemplaire de la Bibliothèque Nationale est écrit : « Lib. Mon. Vid. Darial. Lyrin. » page 132, « ubi de Siacrio, Deivota, Basso, Frontone, Anselmo, Philippis... Impr. Lugd... » Puis quelques lettres illisibles et des mots rognés par le relieur.

Il s'agit de l'ouvrage intitulé : « Chronologia Sanctorum et aliorum virorum illustrium... Sacræ Insulæ Lerinensis, a Domino Vincentio Barrali in unum compilata... MDCXIII Lugduni sumptibus Petri Rigaud. » 1 vol. in-4°.

Pages 132-138, il y a les notices sur les saints ci-dessus nommés, tirées des Mss de Saint-Pons.

Vincent Barralis était de Lucéram et son œuvre est très appréciée. Il ne cite pas Pastorelli parmi les auteurs qu'il a consultés.

(4) Les deux premiers Jésuites, fondateurs du collège arrivèrent à Nice le 20 Mai 1606, ce furent le P. Jean-François Peyre de Nice et un autre. Le 22 Juillet, fut bénie la chapelle qu'ils installèrent provisoirement dans la maison Caissotti, près du Montin de la ville, et dédiée à Saint-Bassus. Peu après fut commencée la construction du collège et de l'Eglise du Jésus. Voir « Notes sur l'Instruction publique à Nice », par Victor Emanuel, p. 14-15 et surtout les registres du Conseil.

(5) Il faut signaler cette précaution prudente prise contre l'invasion des Provençaux M. Joseph Roux, dans la Statistique des Alpes-Maritimes, dit tout le contraire, mais sans preuve :

« 1295. Charles II, pendant un nouveau séjour à Nice, fait bâtir Villefranche (Port-Olivo) et y fait transporter les habitants de Saint-Jean (Monte Olivato). Il fait construire une tour pour la défendre des corsaires ; il y fait conduire l'eau d'une source des monts voisins et il permet aux habitants d'au-delà du Var de s'y fixer. Il accorde à cette nouvelle ville de nombreux privilèges. » Première partie p. 47.

(6) Le Chapitre de Nice, comme beaucoup d'autres, fut, à l'origine, un Chapitre régulier. Au XII⁰ siècle, par les soins de l'Evêque Pierre I⁰ʳ, il embrassa la règle de Saint-Augustin et un bref du Pape Innocent II (1130-1143) daté de Pise, pendant le Concile, le 3 des Calendes d'avril 1137, approuva son organisation. Ce bref énumère les Eglises que possédait le Chapitre, entre autres N -D. de Olivo. (*Gioffredo, Storia delle Alpi-Maritime*). Le Chapitre, lors du transfert de la Cathédrale à Sainte-Réparate, après la démolition de N.-D. du Château, la cathédrale primitive, continua à suivre la même règle jusqu'en 1624, où il fut sécularisé, avec le consentement de l'Evêque, Mgr Pierre-François Malletti, par bref d'Urbain VIII, 13 Janvier 1624, (abbé de Villarey. Seria cronologica di tutti i vescovi... Nice 1832.)

(7) Chassé de Rhodes (28 Décembre 1522) par Soliman, les Chevaliers de Saint-Jean de Jérusalem débarquèrent à Villefranche, le 25 Octobre 1527, sous les ordres du Grand-Maître *Philippe Villiers de l'Isle-Adam*, après avoir erré pendant plus de quatre ans en diverses résidences. Au mois de Juin précédent, l'Isle-Adam avait accepté l'offre de l'Ile de Malte que lui cédait Charles-Quint. Mais il restait de nombreux détails à régler ; aussi le séjour des Chevaliers se prolongea près de deux ans. Le 14 Novembre 1527, ils s'installèrent à Nice, dans la maison de la Commande de leur ordre qui se trouvait aux Ponchettes. Le Grand-Maître logea près du puits du Mascoïnat et ses armes furent gravées sur la porte de son palais.
Le 15 Octobre 1528, il fut parrain, à Chambéry, du fils du duc Charles III et revint à Nice qu'il quitta le 12 Juillet 1529 pour se rendre à Villefranche d'où il fit voile le 18 avec les Chevaliers pour Malte. Il y mourut le 21 Août 1534, âgé de 70 ans.
Le tableau de N.-D. de Philermes, dont il est ici question, fut conservé d'abord à la chapelle des Chevaliers attenante à leur maison ; puis, lorsqu'elle fut démolie pour établir les remparts, l'image vénérée fut portée à Saint-Barthélemy où elle est encore.

(8) La propriété de la famille noble des *Varleto*, au quartier de Riquier, sur la route de Villefranche, aux pieds du Mont-Alban, passa aux *Lascaris*, puis fut vendue comme bien d'émigrés à la Révolution.
C'est là que se trouve la source qui fournit l'excellente eau qui va se déverser dans le Port.
Cette propriété a été morcelée et il n'y reste plus trace de l'ancien Monastère.

(9) Pierre de Luna, pape sous le nom de Benoît XIII, séjourna à Nice, de 1405 à 1407, avec l'assentiment du comte de Savoie, Amédée VIII. Il ne fut pas étranger à la mesure de précaution prise, en 1405, par les Cisterciennes, les Augustins et les Carmes, établis d'abord hors de l'enceinte, qui transportèrent leurs couvents à l'abri derrière les remparts de la ville.
Sainte Colette, réformatrice des Clarisses, vint, en 1406, conférer avec le Pape qui lui accorda tous les pouvoirs nécessaires. Mais elle ne s'occupa pas des religieuses de Nice qui suivaient encore la règle de Citeaux et avaient pour directeur, selon *Gioffredo* (*Storia delle Alpi Maritime*), Guillaume Guiraudi, moine du Thoronet.

G

L'acte de vente du 16 Octobre 1422, cité par Pastorelli, établit qu'à cette date le Monastère de Nice dépendait encore de l'abbé du Thoronet.

(10) La dissertation de Pastorelli sur les Droits de la Maison de Savoie ne nous est connue que par ce qui en est dit ici, et qui semble un simple extrait de ce travail. A quel propos fut-il écrit? Pastorelli ne le dit pas, mais il est antérieur à ce discours. Le passage reproduit va jusqu'au milieu de la page 39, où il est parlé du puits creusé en 1520.
Le titre de *Civitas fidelissima*, dont les Niçois sont justement fiers, me semble, quoi qu'on en ait dit, bien antérieur à la médaille frappée par ordre du duc Charles III, en souvenir du siège de 1543. Pastorelli connaissait cette médaille : elle ne faisait, d'après son témoignage autorisé, que confirmer un titre bien plus ancien.

(11) Je n'ai pu consulter le *Teatro Universale de' Principi et di tutte l'historie del Mondo* publié, vers 1607, par Jean-Nicolas Doglioni, de Venise ; mais j'ai eu sous les yeux un extrait de cet ouvrage, publié par *Fausto Doglioni*, fils de l'auteur, et dédié, le 25 avril 1608, aux princes Amédée et Emmanuel-Philibert de Savoie, à l'occasion de leur voyage à Venise.
Dans la notice sur Amédée VII, mort en 1391, il est dit : « Amedeo VII... il quale oltre la Savoia hebbe ancò la Città di Nizza nell'Insubria, senza Battaglia, chiamatovi da quei Cittadini, che si ribellarono da Ladislào, Rè di Napoli. »
*Le gloriose memorie della Famiglia augustissima de' Serenissimi Duchi di Savoia*... In Venetia MDCVIII, appresso Francesco Rampazetto. Planquette de 3 feuilles in-4°. Le titre ne porte pas le nom de l'auteur, mais la dédicace est signée — Bibl. Nat. Lm 3. 832.

(12) « Les peuples qui habitaient les montagnes de Barcelone, de Nice et de Sospel, désolés par une longue guerre, demandèrent leur liberté à Ladislas, Roi de Naples, et dès qu'ils l'eurent obtenue, ils en donnèrent de leur mouvement à Amédée qui les reçut sous sa domination. » (p.115).
« Augustæ Regiæque Sabaudiæ domûs Arbor gentilitia... authore Francesco Maria Ferrero a Labriano... »
Augustæ Taurinorum MDCCII, ex-typographie J.-B. Zappatæ, bibliopolæ S. R. C. 1 vol. in-folio.
Le comte Amédée prit possession de Nice en Septembre 1388. Il confirma les privilèges de la salle et y établit pour gouverneur et sénéchal Jean Grimaldi de Beuil, qui avait été le promoteur de la démarche des Niçois, et donna, en réalité, le Comté de Nice au comte de Savoie.
Amédée VII, dit le Comte-Vert, mourut le 1er Novembre 1391, âgé de 30 ans.

(13) La thèse soutenue par Pastorelli a rencontré des contradicteurs.
Il se trouve toujours des écrivains, pour justifier, par des arguments historiques ou juridiques, les faits accomplis par la puissance des armes, ou les combinaisons de la politique internationale. Ce phénomène s'est produit au sujet des occupations successives de Nice. Il ne faut pas y attacher d'importance, ni se laisser influencer, en pareille matière, par des considérations étrangères à la véritable critique historique.
Les droits de la France sur Nice ont été revendiqués par des écrivains, au service des Rois, spécialement de Louis XIV. J'ai parcouru aux Archives Nationales, dans le carton K 1358, un curieux mémoire intitulé : « Remarque sur le Mémoire que l'on a présenté au Roi touchant le Comté de Nice ». Mss. 20 p. in-fol. s. d., mais de 1691 ou 1692. On y développe précisément la thèse que répudie Pastorelli.

(14) Il existe, parmi les Manuscrits Italiens de la Bibliothèque Nationale de Paris, une relation contemporaine des Conférences de Nice, en 1538. C'est un Mémoire adressé au Doge de Venise par *Nicolo Tiepolo*, un des deux ambassadeurs vénitiens, venus à Nice, dans cette circonstance.

Les difficultés rencontrées par le Pape, sont exposées longuement. Le duc de Savoie promit puis refusa le Château et le Pape s'installa au Couvent des Observantins, où il se trouvait fort mal, car il est probable qu'il était, comme tous ceux de l'ordre, fort peu confortable, quoique vaste. L'Empereur et le Roi avaient une grande défiance l'un vis à vis de l'autre, et le Pape réussit bien à peine à leur faire conclure une trêve de 10 ans, qui ne fut du reste pas observée longtemps. La Croix de Marbre rappelle le souvenir de ces conférences et du couvent disparu.

(15) L'emplacement occupé par les Religieuses dans le Château conserva longtemps le nom de *Monastié*. Toute trace et tout souvenir de leur séjour a disparu avec le nom du faubourg et de la porte Saint-Aloy ou San Alodio. Le Monastère occupait le terrain où fut élevée la maison Spitalier de Cessoles, place Saint-Dominique. Une note de *Pierre Scaliero*, aux Archives Municipales, nous apprend que les recteurs du Monastère de Saint-Etienne-de-Cortina vendirent en 1542, avec l'autorisation du duc Charles III (lettres patentes, Nice 22 avril 1542), au négociant Spitalieri, par acte passé par Louis Millonis, notaire, un emplacement — avanti la Torre del Bastione di Bocca Negra — confrontant : au Levant, la rue ; au Couchant, les bastions, et au Midi, le terre-plain de la ville. Le président de Cessoles a consigné ce fait sur un exemplaire manuscrit du Discorso, vu par Cicchero, qui le signale.

Le même président assure que le cloître des Cisterciennes, près de Saint-Augustin, était là où est le jardin des Cessolines, ancien couvent de la Visitation.

(16) Emmanuel-Philibert, fils de Charles-III, né le 8 Juin 1528, neveu de Charles-Quint, succéda à son père, mort le 16 sept. 1553 et mourut le 30 août 1580. Ce fut un prince remarquable. Il vint à Nice, en 1562, visiter les nouvelles fortifications de la ville et du Château. Charles III (1486-1553) succède à son père Philibert II, en 1504.

(17) L'épisode de la *Dona Maufachia* est-il un fait historique exactement relaté, ou une légende sans fondement, complaisamment reproduite, sinon créée par Pastorelli? Je ne doute point, pour ma part, de la véracité consciencieuse de cet historien bien informé, et je me refuse à admettre qu'il ait pu, à 60 ans d'intervalle, agrémenter, d'un incident superflu et inexact, le récit d'un siège qui avait laissé des traces si douloureuses à Nice, et dont bien des témoins vivaient encore.

Jusqu'à ce que la preuve documentaire de la non-existence de Catherine Ségurane n'ait été fournie, d'une manière irrécusable, le témoignage de Pastorelli conservera toute sa valeur, à mon avis, comme à celui de l'abbé Pierre Gioffredo, qui n'a pas hésité à admettre la réalité historique de ce fait. (*Nicæa Civitas* 1658) et *Storia delle Alpi Maritime*, t.5, p. 177).

(18) La chapelle du Sincaire fut érigée en exécution du vœu de la Ville de 1552. Elle était primitivement près du bastion du Sincaire, dans un emplacement englobé actuellement dans la caserne d'artillerie (ancien couvent de Saint-Augustin). Démolie vers 1782, elle fut remplacée par la chapelle qui est sur la place Garibaldi, desservie par les Pénitents du Saint-Sépulcre.

On y conserva plusieurs souvenirs de l'édifice primitif, en particulier la statue de la vierge invoquée sous le titre de *Madonna del Soccorso* et l'inscription posée au portail de la première chapelle, rappelant les origines de ce pieux monument.

(19) La peste de 1580 fut très meurtrière et ruina la ville de Nice. D'après plusieurs bibliographes, un Niçois, *Pierre Capello*, aurait fait imprimer à Nice, en 1580 : « De Peste Carmen ». Mais, en 1580, Nice n'avait pas d'imprimerie et cette indication est erronée.
La peste avait sévi à Nice en 1521 et 1544 et cette dernière épidémie avait enlevé 3524 individus.

(20) Le texte porte très bien 1384 ; mais c'est très certainement une erreur du typographe. Il faut lire 1584 : le sens même de la phrase l'indique. Cependant j'ai cru préférable de ne pas corriger le texte, me réservant d'y faire ici la rectification nécessaire.

(21) Au Conseil du 29 Juin 1597, les Syndics exposèrent qu'en exécution d'une délibération du 1er Janvier précédent, ils avaient résolu d'abandonner l'emplacement près Saint-Augustin, et décidé d'établir le Monastère près de la Marine, entre la maison du premier Syndic Fabri de Gilette et celle de Léonard Capello. Le plan dressé, par leur ordre, a été envoyé à Turin et le duc en a fait dresser un autre qu'il a annoncé par ses lettres missives du 20 Avril. Après lecture de ces lettres, le Conseil décide, à la majorité, que les Syndics poursuivront l'établissement du Monastère d'après les modifications prescrites par Charles-Emmanuel. Le duc demandait, en particulier, que la chapelle fut placée dans le voisinage du palais ducal et que le Monastère fût rapproché de la muraille vieille, de façon à n'être pas dominé par les maisons voisines. (Archives de la Ville). La construction fut commencée, puis abandonnée après la tentative d'escalade du 1er Octobre 1600. Le Monastère devait se trouver à peu près où est aujourd'hui l'Eglise de Saint-Gaétan, ou un peu plus haut, là où fut établi plus tard le second Monastère de la Visitation.
Aux Comptes de la Ville, j'ai retrouvé le prix qui fut payé à l'artiste qui dressa le plan du Monastère, le 1er Mai 1597 « E più a di detto in crosoni undeci d ù a Maestro *Batista Carlo* per il dessegnio fatto del Monasterio delle Monache. » Un mandat de 11 Crosoni lui fut délivré.
Nice comptait d'habiles artistes, en particulier le peintre J. L. *Baldoino*, qui cette année peignit les armoiries du duc au palais de ville.

(22) Mgr Jean-Louis Pallavicini, évêque de Nice depuis 1584, mourut le 28 Novembre 1598, à Eze, en tournée pastorale. Ce fut un évêque actif et habile : il s'intéressa vivement à la création de Sainte-Claire. Il légua une certaine somme pour cette construction.
Louis de Grimaldi, fils de René de Grimaldi, baron de Beuil, et de Thomasine Lascaris de la Briga, fut évêque de Vence en 1560, donna sa démission en 1575 et se retira à Nice. dont son frère Honoré de Beuil était gouverneur. Il fut élu abbé de Saint-Pons, le 23 Janvier 1590, et confirmé par l'abbé de Saint-Victor de Marseille, le 10 février suivant. Il mourut à Nice le 5 février 1608 et fut enterré le lendemain dans l'Eglise de Saint-Pons.
Son successeur, comme abbé, fut Honoré Laugieri de La Rochette, qui mourut le 3 Décembre 1648. Voir *Gallia christiana* et le *Catéchisme de Saint-Pons.*
Mgr *Martinengo*, successeur de Pallavicini, ne fit son entrée à Nice que le 19 Janvier 1601.

(23) Ce passage est absolument transformé par Cicchero, qui complète le texte, en y ajoutant quelques détails. C'est ainsi qu'il donne le nom du

*pétardier* général, à M. de la Tour et dit que le duc de Guise, perdit son chapeau avec son épée, trophées qui furent déposés à Sainte-Réparate. Ces additions sont évidemment empruntées à Scaliero.

(24) Cicchero, défigura absolument ce passage. En 1604, l'élection des syndics, se fit le lundi de la Pentecôte et non le 29 décembre, comme autrefois.

Ce nouvel usage fut observé pendant tout le xvii<sup>e</sup> siècle. Le texte de Pastorelli est assez clair, mais Cicchero ne l'a pas compris et il lui fait dire tout le contraire, probablement parce qu'il ignorait ce détail historique. Il est toujours dangereux de *corriger* un texte !

(25) Le chanoine infirmier Jacques François *Giauceleto*, appartenait à une famille riche de la bourgeoisie Niçoise. L'œuvre de Sainte-Claire lui tenait à cœur et il prêta même de l'argent à la ville, pour en faciliter la réalisation, en 1605.

Le P. André *Rossotto* dans son Catalogue des écrivains du Piémont cite de lui, un petit ouvrage, imprimé à Mondovi, qui avait échappé à Mgr Della Chiesa.

« Jacobus Eranciscus Jauselottus niciensis et Cathedralis ejusdem civitatis canonicus, J.U.O. et theologus, vir pius et zelator salutis animarum, edidit italico idiomate ; Brevissimo et molto utile modo di confessarsi. Impr. in Monteregali. 1601 », p. 309.

L'impression de ce petit livre, à Mondovi, à 60 lieues de Nice, peut-être chez les frères *Cavalieri* (Rossotto n'indique pas de nom d'imprimeur ni de format) est une nouvelle preuve qu'il n'y avait pas d'imprimerie à Nice où ce livre devait être vendu et distribué.

(26) L'accord du ... septembre 1604 entre les Syndics et l'Evêque : les lettres patentes de Mgr Martinengo du 23 du même mois sont l'ébauche du Rituel et des Statuts que l'Evêque de Nice rédigea en 1608. Ces pièces seraient intéressantes à retrouver, mais la dispersion des Archives de Sainte-Claire rend les recherches fort longues. Les Registres des conseils de la ville renfermant les délibérations indiqués ou analysés par Pastorelli, qui souvent y prit part et dans tous les cas, les eût sous les yeux. Ce sont autant de documents précieux pour l'histoire de Sainte-Claire.

(27) Pierre Scaliero, dans ses notes manuscrites, ajouta quelques détails : La rue du Codo s'appelait aussi rue du Vallato. L'emplacement choisi touchait la muraille de la ville vieille, sous le portail de Gassin. Selon la législation en vigueur, une ordonnance du duc enjoignit aux habitants de vendre les maisons nécessaires, au prix fixé par expert. La Ville acheta la maison de Pie Guiglionda et celle de Fabrice Guibert, celle-ci pour le prix de 335 florins, le 30 Septembre 1604. Comme elle était soumise à une cense, en faveur de Saint-Pons, l'abbé y renonça par acte. André Robini, notaire.

Le 24 Octobre, après vêpres, Mgr Martinengo se rendit en procession, rue du Codo, avec tout le clergé séculier et régulier et les Confréries de Pénitents : une croix de 24 palmes y fut portée et plantée avec les cérémonies du rituel, et un Père Capucin fit une allocution de circonstance. Le 28, jour de Saint Simon et Saint Jude, l'Evêque revint, avec le même cortège, poser et bénir la première pierre de l'Oratoire. Le même Père Capucin prêcha de nouveau et l'Evêque célébra la messe en plein air.

(28) Le Bref de Paul V est en original, sur une très grande feuille de parchemin, aux Archives Municipales, avec l'indication : « Benigno assenzo di S. S. Paolo V per il nuovo stabilimento di S. Chiara e dota-

zione di questa, » Le sceau en plomb, avec les têtes des apôtres Pierre et Paul est resté attaché à cette pièce importante.

Le Bref, daté de Rome près S. Pierre, le 28 Novembre 1606, 2° année du Pontificat, (Paul V, Camille Borghèse, fut élu le 17 Mai 1605 et mourut le 28 Janvier 1621) est adressé à l'Evêque de Nice. A la requête des Consuls de Nice, qui ont établi une dotation pour 25 religieuses et élevé de nouveaux bâtiments, l'Evêque est autorisé à y rétablir un Monastère sous le titre et la règle de Sainte-Claire, et y installer une abbesse, avec les règlements convenables.

Ce Bref est la confirmation de celui de Paul III, en 1539, qui ne pût recevoir son exécution, par suite des guerres et des vicissitudes que traversa la ville.

(29) Le livre des professions n'existe plus ; mais Bonifaci l'a utilisé dans ses notes manuscrites. La première religieuse qui prit l'habit appartenait à la famille des Grimaldi : elle fit profession, en 1608, à l'âge de 30 ans, avec Sœur Ursule-Marie *Térèse*, âgée de 31 ans, et Sœur Catherine-Marie *Richelmi*, âgée de 25 ans : toutes de Nice. Sœur Claire-Catherine Grimaldi fut la première abbesse élue capitulairement, en 1619, lorsque le Monastère eut un nombre suffisant de Religieuses. Jusque là, les fondatrices avaient été confirmées dans leurs charges par la Congrégation des Réguliers.

En 1620, le 14 Juin, elles quittèrent Nice pour retourner à Mondovi.

Il y avait alors 16 professeurs à Sainte-Claire.

Sœur Grimaldi mourut en Juillet 1632 ; Sœur Térèse mourut centenaire en 1680.

La première religieuse morte à Sainte-Claire, au début de 1619, fut Sœur Béatrice Laugieri de Nice, qui avait fait profession en 1614, âgée de 20 ans.

En 1631, la peste ne pénétra pas dans le Monastère, mais en 1632, cinq religieuses âgées de 38, 55, 19, 17 et 55 ans y moururent de diverses maladies, non indiquées à l'Obituaire.

Abbé R.-B.

# Pièces Justificatives

Il n'aurait pas été sans intérêt de faire une étude des sources manuscrites et imprimées du *Discorso*, ce qui eût amené à rechercher quelles Archives et quelles Bibliothèques existaient alors à Nice. Mais il faut se borner. Je dirai donc seulement que Pastorelli possédait un certain nombre d'ouvrages d'histoire et de jurisprudence, qui passèrent entre les mains d'un Niçois, à la fois poète et juriste, *Honoré Léotardi.*

Les livres de Léotardi furent légués, vers 1705, aux Augustins déchaussés, dont la bibliothèque fut confisquée, en 1793, avec celles de tous les corps ecclesiastiques, séculiers ou réguliers.

Ces diverses bibliothèques, dont les plus importantes étaient celles des Dominicains et du Chapitre de Nice, ont formé le premier fonds de la Bibliothèque Municipale.

J'y ai relevé quelques ouvrages portant le nom de Pastorelli, écrit de sa main : je ne doute pas qu'il ne soit possible d'en relever un nombre assez considérable.

I

DÉDICACE DU « DISCORSO »

En 1608-1609, les syndics de Nice étaient J.-B. Caissotti, Jean-François Peyre, Jean-Barthélemy Fulconis et Monon Todon. L'assesseur était Barthélemy Baldoino. J'indique leurs noms, parce qu'ils ont négligé de les mettre au bas de la dédicace curieuse, qui est page 3 et 4 du Rituel de Sainte-Claire et qu'il n'est pas hors de propos de reproduire, en raison du témoignage rendu à l'auteur du « Discorso », dont le nom n'est pas donné, mais qui est suffisamment désigné, pour qu'on ne s'y trompe point.

La disposition typographique est presque identique à celle de Cavaleri, et les caractères se rapprochent le plus possible du type ancien.

3

ALLE MOLTO REVERENDE

# SVOR FILIBERTA BERTONA

BADESSA,

## ET SVOR CHIARA BEATRICE

MONACA

VICARIA DEL MONASTERIO NVOVO

DI SANTA CHIARA

della Città di Nizza.

*ERCHE le Monache, che fono, & le altre che per l'auenire vorranno entrare in queſto noſtro Monaſterio, fappiano quello che hanno da fare, & ofseruare, è necefsario far ſtampare li Capitoli, ò fiano Statuti concernenti l'offeruanza della regola, & il Rituale per l'ingreſso & profeſsione delle Monache, già dottamente, con matura confideratione, & participatione di Vostre RR. fatti & compoſto dal Molt'illuſtre, & Reuerendiſs. Frate Francefco Martinengò noſtro Vefcouo, Conte di Drapo, & Grande Elemofinario di S. A. Serenifs. Imaginandofi poi noi che VV. RR. defiderino fapere la caufa perche folo da cofi poco tempo in quà fi ſij edificato, & habitato queſto Mo-naſterio, fe anticamente ve ne era alcuno, & effendouene, da che ſij proceduta la ſua diſtruttione, & tardanza della riedificatione, hab-biamo voluto infieme far ſtampare vn difcorfo fatto fopra di queſto da*

CA 2    vn

*vn noſtro Cittadino, la lettura del quale, tanto più s'aſſicuriamo le guſterà, quanto che in eſſo l'authore (come quello che hà eſerci- tato l'vfficio d'Aſſeſſore, di primo Sindico nella fondatione di queſto nuouo Monaſterio, & con l'occaſione di qualche occorrenti, viste tutte le ſcritture, dell'Archiuio) hà breuemente, & per il più toccate le coſe degne di memoria occorſe, et che ſono in queſta Città. L'vn, et l'altro, deueno eſſer indirizzati (come facciamo) à VV. RR. quelli, perche con eſſi hanno da riceuere, ammaeſtrare, et far viuere nella loro oſſeruanza le figliuole, che da Dio inſpirat ſie riducono alla giornata à viuere, & ſeruire Sua Diuina Maeſtà in quella ſanta caſa, alla prudenza, & gouerno di VV. RR. dal ſuo principio rimeſſa; queſto, perche con eſſo poſſano hauere qualche notitia dell'affettione che hà ſempre hauuta la Città al Monaſterio, & inſieme delle parti- colarità notabili dell'iſteſſa Città, per beneficio della quale ſi ſono tanto amoreuolmente contentate abandonar il proprio Monaſterio di Santa Chiara del Mondouì, oue da Ceua loro commune patria s'erano ridutte, & haueano fatta profeſſione, Riceuino donque VV. RR. ambidue con quella affettione che gli li inuiamo, & nelle loro orationi reſtino feruite pregar per la Città, & Cittadini in commune, & per noi in particolare. Di caſa in Nizza li 30. Agoſto 1608.*


D. VV. RR.



Fratelli in Chriſto



Li Sindici, & l'Aſſeſſore
della Città di Nizza.

## II

Billet de la Congrégation des Réguliers, au sujet des deux Religieuses de Mondovi transférées a Nice.

On sait que les Clarisses sont soumises à une clôture sévère et ne peuvent sortir de leur maison qu'avec une permission spéciale.

L'acte de transfert des Sœurs Bertona et Monacha, dressé à Mondovi, le 15 Juin 1607, par le notaire Jean-François Magliani, est très long. Je ne puis le citer, mais je cite le Billet de la Congrégation des Réguliers, qui y est inséré. Ce billet est adressé à l'Evêque de Mondovi, Mgr Carlo Argentero : et non à l'Evêque de Nice, comme le dit Pastorelli.

*Illustre e Molto Rev.do Signore,*

Si sono contentati questi miei Illmi Sig.ri far la gratia alla Città di Nizza, che per istruzione delle Monache del nuovo Monasterio fabricato in quella Città, sotto la Regola di Sta Chiara si puossino transferire due o tre Monache d'un Monasterio del med° ordine della città del Mondovi, e perciò mi hanno ordinato di scriver a V. S. che si contenti conceder la licenza opportuna et necessaria, ogni volta però che queste Monache, che s'hanno da transferire si contentino di andarvi, et che per questo non s'habbino da levare dal primo Monasterio le limosine dotali.

Piacerà dunque a V. S. pigliarsi pensiero che nel modo sud° habbia effetto questa translazione, ordinando che nel passare da un Monasterio al l'altro le Monache siano accompagnate da Matrone honeste et faccino il viaggio direttamente per la più breve strada, come son sicuro che V. S. eseguirà con ogni diligenza, et il Signore la consoli.

Di Roma, li dieci otto di Settembre mille seicento sei.

Di V. S. ...                                    Il Cardinale Sacchi

## III

Accord entre l'Abbesse et les Recteurs de Sainte-Claire
(22 juin 1607)

Al Nome di nostro Signor Giesu Cristo. L'anno di sua Natività mille sei cento sette, la quinta Indizione, ed alli venti due del mese di Giugno, sara a tutti manifesto che oggi nel Palazzo Episcopale, avanti il Mto Ill.re e Rmo Monsignor Fra Francesco Martinengo, vescovo della p.nte città di Nizza e di noi Notari e testii inf.ti sono stati convenuti et accordati tra la Rev.da Madre Filiberta Bertona badessa del Monastero di d.a città da una parte, e li Sig.ri Flaminio Tonduti e Gio Francesco Peijre, si a nome loro che dell'Ill.re Sig. Francesco Caissotto assente, tutti tre rettori di d.o Monastero, li Capitoli seguenti di solenne e valida stipulazione firmati, e primo che caso che d a Madre Badessa stragesse li panni suoi tanto di lino, canape, quanto di lana, volendo poi far ritorno con successo di tempo al

Mondovi, li sii data la sua sufficienza equivalente, conforme al patto già fatto nell'instr.o rogato al Sig. Gio. Francesco Magliani del Mondovi. Più che li signori Rettori ne altra persona mai potranno metter donna ne figlia, ne per monaca, ne per serva, ne per educazione, ne per altro fine dentro d.o Monastero, che non sia di buon costume e beneplacito delle R.de Madri, o siano Monache, o della maggior parte di loro, quali in questo fatto particolarmente sendo guidate dallo Spirito Santo, e non da passione o d'altri sinistri mezzi, daranno loro pareri. Che li Signori Rettori o altro Agente che maneggiara, siano obbligati proveder a quanto dirà la R.da Madre Badessa ragionevolmente per necessità del vito e vestito delle R.de Madri, proveder anco in caso di infermità di Medici, medicine, ed ogni altra cosa, che sia di bisogno, per compita ricuperazione di sanità. Più lasciarli una guardia fuori la porta della Clausura, ove sia una Campanella, e si tenghi la prima parte serrata quanto più si potrà; la R.da Madre Badessa ha promesso osservare le Constituzioni ordinarie personalmente; conforme alla Regola, saranno consegnate a d.a R.da Madre Badessa tutte le ragioni, e scritture del d.o Monastero, e investita di esse, dei quali s'ha dichiarato padrona, come si dichiara, potrà però accommodarle alla Città, o alli d.i Rettori per qualche tempo con promessa di restituirle;

Non si potrà, conforme all'ordinanza del Consiglio, accettare alcuna per Monaca e manco di scudi trecento d'oro di dote, e di dozina per le Novizie di scudi venti cinque l'anno et altrettanto per le figlie secolari, con le vesti e mobili, secondo la lista che dara la Madre Badessa.

Più promette d.a Madre Badessa, osservare e far osservare Communità senza alcuna proprietà, pero mangiarano tutte in reffetorio, dormirano tutte in dormitorio, et ogni cosa sara comune, ne senza licenza della d.a R.da M.dre averanno cosa alcuna; il che tutto li sudd.i Signori Rettori, e R.da Madre hanno promesso respett.e osservare, sotto le obligazioni, renonciazioni opportune, e così hanno giurato cioè d.i signori Tonduti e Peijre rettori toccate corporalmente le Scritture nelle mani di noi sottoscritti notari, e d.a R.da Madre Badessa postesi le mani al petto, a modo di Religiosi.

Del che tutto noi infrascritti Notari et ogniuno in solidum siamo stati richiesti di farne il p.nte atto, qual abbiamo fatto e pubblicato in Nizza, dove et avanti cui sapra p.nti gli illustri signori Onorato Isnardo et Onorato Pastorelli, dottori di leggi, testimonii di cio richiesti. Et io Gio Lautardi Notaro et io Antonio Serra Notaro.

La sudd.a copia è stata estratta dall'originale esistente nel Protocollo di l ttera M del sudd.o Notaro Gio Lautardi a pag. 365.

Cité d'après *Pierre Scaliero* t. III supplément p. 23 - (Archives Municipales de Nice.)

# ERRATA

Malgré tout le soin apporté à la correction des épreuves, un certain nombre d'erreurs se sont glissées dans la composition, des notes principalement. Ainsi il faut lire :

Note  1, ligne 6 : *typis* au lieu de typos, et supprimer le 3 après 1642.
Note  2, ligne 4 : *Gioffredo* au lieu de Gioffreco.
Note  4, ligne 4 : *Moulin* au lieu de Monlin.
Note  7, ligne 1 : *chas.és* au lieu de chassé.
Note  9, ligne 3 : *vers 1405,* au lieu de en 1405.

> Les auteurs ne sont pas d'accord et *Durante* « Histoire de Nice », t. 2, p. 47, assure que la Bulle qui permit aux Cisterciennes de s'établir en ville est du 20 juillet 1407, et cite, à l'appui de son assertion, Pasto-relli, Gioffredo et l'auteur anonyme d'un Mss. Delle cose di Nizza, de la bibliothèque Ardisson.

Note 12, ligne 7 : *typographiâ* au lieu de typographie.
Note 18, ligne 1 et 2 : chapelle *de* Sincaire au lieu de chapelle du Sincaire.
Note 22, ligne 13 : *Cartulaire* au lieu de Catéchisme.
Note 23, ligne 3 : *M. de la Tour* au lieu de à M. de la Tour.
Note 25, ligne 9 : *J. U. D.* au lieu de J. U. O. ;
       ligne 13 : *Cavaleri* au lieu de Cavalieri.
Note 26, ligne 6 : *renferment* au lieu de renfermant.
Note 28, ligne 4 : *questo* au lieu de questa.
Note 29, ligne 11 : *professes,* au lieu de professeurs.

Je ne relève pas diverses fautes de ponctuation et d'accentua-tion ; je prie le lecteur de se rappeler ce que disait un auteur ancien : « Indulgentia dignus est labor arduus. »

Je serai reconnaissant à tout lecteur qui voudra bien me signaler une erreur et me fournir quelques indications sur le Monastère de Sainte-Claire, dont je désire compléter l'histoire, si les circonstances me le permettent.

*Nice, le 21 Janvier 1908*

A.-J. R. B.

*Achevé d'imprimer le 6 février 1908.*

NICE. - IMPRIMERIE DES ALPES-MARITIMES
16, Rue Saint-François-de-Paule, 16

132